George Macleod

Homöopathischer Ratgeber
KATZEN

George Macleod

HOMÖOPATHISCHER RATGEBER

KATZEN

Erprobte Rezepturen

Übersetzung: Gerald Bosch

Titel der englischen Originalausgabe:
CATS. Homoeopathic Remedies
© George Macleod 1990
Erschienen 1990 bei
C. W. Daniel
Company Limited
1 Church Path, Saffron Walden
Essex, CB10 1JP, England

Die Deutsche Bibliothek –
CIP-Einheitsaufnahme

Macleod, George:
Homöopathischer Ratgeber Katzen:
erprobte Rezepturen / George Macleod.
Übers.: Gerald Bosch. –
München; Wien; Zürich: BLV, 1992
    Einheitssacht.: Cats: homoeopathic
    remedies ⟨dt.⟩
    ISBN 3-405-14271-7

BLV Verlagsgesellschaft mbH,
München Wien Zürich
8000 München 40

Deutschsprachige Ausgabe:

© 1992 BLV Verlagsgesellschaft mbH,
München

Übersetzung aus dem Englischen:
Gerald Bosch
Bearbeitung und Redaktion:
Inken Kloppenburg Verlags-Service,
München
Lektorat: Dr. Friedrich Kögel
Herstellung: Sylvia Hoffmann
Einbandgestaltung:
Studio Schübel, München
Einbandfoto: Pictor International

Gesamtherstellung: F. Pustet, Regensburg

Printed in Germany · ISBN 3-405-14271-7

WICHTIGER HINWEIS

Die Ratschläge und Behandlungsmethoden in diesem Buch beruhen auf langjährigen Erfahrungen des Autors. Sie sollen es ermöglichen, selbst Heilmittel auszuwählen und in verantwortungsvoller Weise zu behandeln. Jeder Fall kann jedoch individuelle Unterschiede aufweisen, so daß nicht jede Aussage uneingeschränkt gültig ist. Bei der Vielzahl an Einzelaspekten und den sich daraus ergebenden Verknüpfungen kann das Werk trotz sorgfältiger und umfassender Darstellung keinen Anspruch auf Vollständigkeit erheben. Bei Unsicherheiten oder Komplikationen ist deshalb unbedingt der Besuch beim Tierarzt angezeigt.

Inhalt

Aus dem Vorwort des Autors

Das vorliegende Buch entstand, weil immer mehr homöopathisch orientierte Katzenbesitzer und -züchter ihren Wunsch nach einem solchen Buch geäußert haben, in dem die häufigsten Krankheiten und Leiden der Katzen in ihren Grundzügen, aber dennoch detailliert aufgeführt sind. Selbstverständlich kann auch der »Homöopathische Ratgeber Katzen« nicht alle homöopathischen Arzneimittel berücksichtigen und aufzählen, die je nach vorliegenden Symptomen bei einer bestimmten Krankheit benötigt werden. Diejenigen Mittel, die hauptsächlich eingesetzt werden, wird man jedenfalls hier finden. Die angegebenen Potenzen verstehen sich nur als Richtlinie, denn je nach Symptomen braucht die kranke Katze manchmal ein Mittel in höherer oder tieferer Potenz. Als Faustregel kann man mit Tiefpotenzen (z. B. D6) weniger akute Erkrankungen behandeln, während Hochpotenzen für den akuten Krankheitszustand benötigt werden. Ob ein Mittel erneut gegeben werden muß, hängt stark davon ab, wie das Tier auf die Behandlung anspricht oder wie schnell die Krankheit fortschreitet. Bei einer akuten Krankheit gibt man drei bis vier Gaben innerhalb von 24 Stunden, bei weniger akuten Erkrankungen hingegen zwei Gaben pro Woche. Vielfach hängt die genaue Dosierung vom jeweiligen Tier ab, und daher sollte immer ein Fachmann zu Rate gezogen werden.

Geben Sie der Katze ihre Medizin immer direkt auf die Zunge, am besten mit Hilfe eines Löffels. Sehr gut lassen sich Pulver verwenden. Tabletten verabreicht man besser zusammen mit anderer Nahrung, z. B. »eingepackt« in fertig präparierte Fleischstücke. Arzneien sollten kühl und trocken gelagert werden und keinen Sonnenstrahlen oder stark riechenden Substanzen (Kampfer, Parfüm) ausgesetzt sein. Tablettenfläschchen nach Gebrauch immer gut verschließen!

Wenn eine Urtinktur (Ø) äußerlich angewandt wird, sollte sie nie unverdünnt benutzt werden. Das gilt insbesondere für äußerliche Behandlungen am Auge oder der Schleimhäute. Ein Tropfen Ø wird zu einem Teelöffel Wasser gegeben, und anschließend träufelt man diese Mischung mit Hilfe einer Pipette in das erkrankte Auge.

Zu guter Letzt noch einige Dankesworte: Insbesondere möchte ich mich für die Unterstützung und Aufmunterung der »Homoeopathic Development Foundation« bedanken, die mir mit manchem Ratschlag zur Seite stand und auf viele unklare Punkte verwiesen hat. Ferner gilt mein Dank Mrs. Diana Killick, die das Manuskript trotz zahlreicher recht außergewöhnlicher Fachausdrücke standhaft und unermüdlich getippt hat.

Lindfield, *George Macleod*

Vorwort zur deutschen Übersetzung

Mit dem »Homöopathischen Ratgeber Katzen« liegt dem Leser und Katzenfreund ein sehr umfangreiches Werk über die Einsatzmöglichkeiten der einzelnen Arzneimittel bei den verschiedensten Katzenkrankheiten vor. Besonderheiten bei der Wahl der Potenzen, aber auch in der Nomenklatur der Materia medica (wie beispielsweise eine unterschiedliche englische und deutsche Bezeichnung für das gleiche homöopathische Mittel) wurden bei der Übersetzung berücksichtigt. Da auch im Deutschen manchmal für ein Mittel mehrere Bezeichnungen nebeneinander existieren, habe ich die Begriffe aus »Homöopathisches Arzneimittelverzeichnis – Remedia homoeopathica« (herausgegeben von der Deutschen Homöopathischen Union [DHU], Karlsruhe; Ausgabe 8, 1991) verwendet, um eine einheitliche Linie zu finden. Die herkömmlichen Namen wurden als Synonyme gekennzeichnet und in Klammern hinter den modernen Namen gestellt, z. B. *Natrium chloratum* (syn. *Natrium muriaticum*). Bei besonders »populären« Namen, deren neue Bezeichnungen sich noch nicht allgemein durchgesetzt haben, wurde ausschließlich der alte Name benutzt, z. B. *Silicea* statt *Acidum silicicum* oder *Arsenicum album* statt *Acidum arsenicosum*.

Da in England überwiegend C-Potenzen verwendet werden, in Deutschland jedoch fast ausschließlich D-Potenzen üblich sind, wurden bei der Übersetzung – nach Rücksprache mit dem Autor – alle C-Potenzen in D-Potenzen geändert. Im Bereich der tiefen und mittleren Potenzen (bis C 200) ist dies auch problemlos möglich. Gelegentlich werden Potenzen wie M1 oder M10 auftauchen. Dabei handelt es sich um eine traditionelle Abkürzung für die Hochpotenz C1000 (in Anlehnung an die römische Ziffer M für 1000). Alle Potenzangaben verstehen sich nur als Empfehlung. Im Zweifelsfall ersetzt die homöopathische Behandlung keinesfalls den Gang zum Tierarzt. Insbesondere wenn Sie noch wenig Erfahrung mit der Homöopathie und den möglichen Krankheitssymptomen besitzen, sollte unbedingt ein Fachmann zu Rate gezogen werden.

Ein Wort noch zu den Nosoden: Häufig zählt der Autor Nosoden auf, die ganz individuell zusammengestellt sind, z. B. gegen einen bestimmten Erreger. Sofern diese Nosoden im HAB aufgeführt sind, sollte eigentlich jede Apotheke in der Lage sein, sie Ihnen zu beschaffen.

An dieser Stelle möchte ich mich sehr herzlich bei Frau Dr. Barbara Rakow (Zeil am Main), Herrn

Dr. Ludwig Wolf Friedl (München), Herrn Dr. Hoffmann (DHU Karlsruhe), Herrn Ulrich Janowitz (Weeze) sowie dem Apotheker Christian Emmerich (Düsseldorf) für hilfreiche Ratschläge und Hinweise bedanken.

Düsseldorf, Gerald Bosch

Einführung

Homöopathie – Was ist das?

Für diejenigen Leser, die kaum oder gar keine Kenntnisse über Homöopathie besitzen, ist eine Kurzbeschreibung ihrer Grundlagen erforderlich, damit sie die Rolle der einzelnen Arzneien während der Behandlung richtig verstehen.

Die Homöopathie ist ein Zweig der Medizin. Sie geht davon aus, daß eine Substanz, die in einem Menschen oder Tier die Symptome einer Krankheit hervorruft, auch zur Behandlung eines Leidens eingesetzt werden kann, das ähnliche Symptome aufweist. Besondere Betonung wird auf das Prinzip der Ähnlichkeit zwischen Krankheitszustand und Arznei gelegt. Wenn man davon ausgeht, daß die Krankheit und das Erproben der Arznei an einem Gesunden zwei unterschiedliche klinische Bilder darstellen, dann sollte man während der Behandlung so weit wie möglich bemüht sein, das eine Bild mit dem anderen in Übereinstimmung zu bringen. Je stärker die Annäherung (oder Ähnlichkeit) zwischen den beiden Bildern gelingt, desto größer wird die Wahrscheinlichkeit, daß die Behandlung erfolgreich verläuft. Beim Menschen läßt sich dies leichter durchführen als bei Tieren, da der Veterinär die subjektiven (psychischen) Krankheitssymptome, die nur vom Menschen geäußert werden können, von einem kranken Tier nur mit großen Schwierigkeiten oder überhaupt nicht erfährt. Bei der homöopathischen Behandlung eines erkrankten Menschen spielen die psychischen Krankheitssymptome (Geist- und Gemütssymptome) eine bedeutende Rolle.

In der Kleintiermedizin wird dieses Problem durch die genaue Beobachtung gelöst: Wie reagiert z. B. eine Katze (bzw. ein Hund) in einer bestimmten Situation, wie auf andere Tiere, Menschen, auf Lärm usw.? Die so gewonnenen Erkenntnisse können in gewissem Maß die mangelnde sprachliche Verständigung aufwiegen. Unter bestimmten Umständen kann man sich eventuell auch in die Gemütslage des Tieres versetzen – beispielsweise in die Haut einer Katze, die Trauer wegen des Verlustes eines Kameraden empfindet, oder die sich, vorübergehend von ihrem Frauchen getrennt, in einer Kleintierpension aufhält oder vielleicht nach einer Operation unter einem »psychischen« Schock steht.

Homöopathische Arzneimittel sind Naturprodukte

Homöopathische Arzneimittel werden aus allen möglichen natürlichen Quellen gewonnen; sie kommen beispielsweise aus dem Tier- und Pflanzenreich, können aber auch Mineralien und Mineralverbindungen sein. [Neuerdings finden in zunehmendem Maße auch synthetische organische Verbindungen, z. B. Chloroform (*Chloroformium*) in der Homöopathie Verwendung.] Die Homöopathie wird häufig (ziemlich irreführend) als Pflanzenheilkunde bezeichnet. Diese Gleichsetzung liegt jedoch weit von der Wahrheit entfernt, wie es sich bei näherem Hinsehen rasch zeigen wird. Zwar bedient sich die Pflanzenheilkunde sehr erfolgreich zahlreicher Heilpflanzen, sie ist aber nicht in der Lage, deren innere »Werte« in der gleichen Weise wie die Homöopathie zu nutzen.

Herstellung der Arzneimittel

Die Herstellung homöopathischer Arzneimittel ist ein wissenschaftlicher Prozeß und sollte am besten von einem qualifizierten Apotheker durchgeführt werden, der mit dieser besonderen Technik gut vertraut ist. Schließlich ist es in der Homöopathie von großer Wichtigkeit, daß die Arzneimittel nur aus den besten Zutaten hergestellt werden. Kurz gesagt: Das homöopathische System beruht auf einer Reihe von Verdünnungen und Schüttelvorgängen (von denen später noch die Rede sein wird), so daß selbst eine giftige Substanz gefahrlos verwendet werden kann.

Zur Herstellung einer potenzierten Arznei wird ein Tropfen einer Urtinktur (∅), die aus pflanzlichem oder anderem biologischen Material gewonnen wird, zu neun Tropfen einer Wasser-Ethanol-Mischung gegeben. Die so entstandene Verdünnung wird mechanisch durch sog. Schüttelschläge durchmischt. Dieser Vorgang ist für die Herstellung wesentlich und verleiht dem Medium die stabilisierende Kraft. Ein Gemisch aus einem Teil Urtinktur und neun Teilen Wasser-Ethanol-Mischung wird als 1. Potenz oder D1 bezeichnet; man spricht auch von der Dezimalpotenz. Durch wiederholtes Verdünnen und Schütteln erzielt man höhere Potenzen, die mehr Kraft während des Prozesses freisetzen. Die Homöopathie wird deshalb als eine Form der Medizin geschätzt, die sich mit der Kraftsteigerung und nicht mit der stofflichen Dosierung einer Droge auseinandersetzt. Außer der Dezimalpotenz gibt es noch die Centesimalpotenz oder C1, wie es beispielsweise in den USA, Großbritannien oder Frankreich üblich ist. Hierbei wird ein Teil Urtinktur mit 99 Teilen Wasser-Ethanol-Mischung verdünnt. Weitere Potenzen, wie die Korsakoff-Potenzen (CK) oder die sog. LM-Potenzen, sollen an dieser Stelle nur erwähnt, aber nicht weiter erläutert werden, da sie in diesem Buch nicht verwendet werden. Gelegentlich werden Potenzen wie M1 oder M10 auftauchen. Dabei handelt es sich um eine traditionelle Abkürzung für die sehr hohe Potenz C1000 (in Anlehnung an die römische Ziffer M für 1000).

Wenn die Potenz D6 erreicht ist, was einer Verdünnung von 1 : 1 000 000 entspricht, sind alle giftigen oder schädlichen Wirkungen einer Substanz verflogen und nur ihre Heilkräfte übriggeblieben.

Auswahl der Potenzen

Wenn man sich für das »ähnlichste« Mittel entschieden hat, stellt sich nun die Frage, welche Potenz am besten geeignet ist. Grundsätzlich sollten nach den Erfahrungen des Autors höhere Potenzen, die kräftiger als die niedrigen sind, bei akuten Infektionen oder Krankheitsbildern eingesetzt werden, während sich niedrigere Potenzen eher für chronische Zustände – mit oder ohne sichtbare pathologische Symptome – eignen. Gelegentlich gibt es auch davon abweichende Erfahrungen. Viele Ärzte neigen sogar generell eher dazu, niedrigere Potenzen zu verschreiben.

> Die Potenzangaben zu den einzelnen Medikamenten im Text, die bei verschiedenen Erkrankungen verschrieben werden können, verstehen sich nur als Richtlinien. Bei höheren Potenzen als den hier angegebenen sollte unbedingt ein Fachmann zu Rate gezogen werden.

Verabreichung der Arzneimittel

Die Arzneimittel werden in fester Form als Tabletten (Pressung), Streukügelchen (Globuli) und Pulver (Verreibungen), in flüssiger Form als Tinkturen und Lösungen (Tropfen) im Handel angeboten. Wenn man bei einer Behandlung tatsächlich zu Medikamenten greifen muß, sind Katzen im allgemeinen nicht so kooperativ wie Hunde; eine Patentlösung, die auf jedes Tier zutrifft, gibt es allerdings nicht.

Der Halter eines Tieres muß vor der Behandlung selbst entscheiden, welche Darreichungsform für seinen Liebling am geeignetsten ist. Manche Katzen oder Hunde schlucken bereitwillig Tabletten, andere eher ein Pulver, und andere wiederum nehmen ihre Medizin nur in flüssiger Form mit Hilfe einer Flasche oder Spritze ein. Bei extremen Problemfällen kann die Arznei mit dem Futter vermischt werden. Dies ist zwar nicht die ideale Lösung, jedoch hat sich in der Praxis gezeigt, daß die Arzneimittel ihre übliche volle Wirkung auch entfalten, wenn sie auf diese Weise verabreicht werden.

Vor allem sollte man vermeiden, das kranke Tier einem unnötigen Streß auszusetzen. Und wenn Maunz und Strupi ihre Arznei wirklich nicht schlucken wollen, kann sie immer noch zusammen mit dem Futter verabreicht werden.

Aufbewahrung der Arzneimittel

Die Arzneimittel sind von ihrer natürlichen Beschaffenheit her sehr empfindlich. Daher können sie unversehens durch Geruchsübertragung streng riechender Substanzen, wie beispielsweise Kampfer oder Desinfektionsmittel, aber auch durch starke Sonneneinstrahlung leicht verändert oder zerstört werden. Deshalb ist es von großer Wichtigkeit, daß die Arzneien von derartigen äußeren Einflüssen ferngehalten und an einem kühlen, trockenen Ort gut verschlossen gelagert werden. Tabletten sind übrigens in Braunglasflaschen bestens aufgehoben.

Nosoden und Oral-Vakzine

Im Zusammenhang mit der Behandlung unterschiedlicher Leiden taucht im Text häufig der Begriff Nosode auf, der an dieser Stelle definiert werden soll. Nosoden sind homöopathische Arzneimittel, die aus verschiedenen Produkten erkrankter (und manchmal auch gesunder) Organe hergestellt und zur Behandlung des gleichen Leidens eingesetzt werden. Eine Nosode (von altgriechisch: »ho nosos« = Krankheit) ist also ein Krankheitsstoff, der während einer Krankheit aus dem befallenen Organismus gewonnen und anschließend verdünnt wird. So wird beispielsweise die *Katzengrippe*-Nosode aus den Atemwegssekreten erkrankter Katzen bereitet. Bei speziellen Krankheiten, die beispielsweise durch Bakterien, Viren oder Einzeller (Protozoen) hervorgerufen werden, kann der Erreger im Ausgangsmaterial für die Nosode vorhanden sein. Dies ist aber nicht unbedingt notwendig, da die Wirksamkeit der Nosode nicht davon abhängt, ob der Erreger darin vorkommt. Das von Bakterien oder Viren infizierte Gewebe bildet als Antwort auf diesen Befall Substanzen aus, die die eigentlichen Ausgangsstoffe für die Nosode darstellen.

Ein Oral-Vakzin wird aus dem Erreger selbst hergestellt, der eine Krankheit hervorruft. Das Oral-Vakzin kann aus Filtraten bereitet werden, die nur die Ektotoxine (ausgeschiedene Giftstoffe) der Bakterien enthalten, aber auch aus Emulsionen, in denen beide, Bakterien und deren Toxine, vorhanden sind. Diese Filtrate bzw. Emulsionen werden anschließend verdünnt und somit zu Oral-Vakzinen.

Nosoden und Oral-Vakzine können auf zwei unterschiedliche Weisen eingesetzt werden, nämlich therapeutisch (behandelnd) und prophylaktisch (vorbeugend).

Wenn Nosoden in der Therapie verwendet werden, können sie gegen ein Leiden eingesetzt werden, aus dessen Erreger die Nosode ursprünglich stammt, beispielsweise die *Grippe*-Nosode bei der Behandlung einer virusbedingten Nasen-Luftröhren-Entzündung (Rhinotracheitis). Dies kann man als Isopathie bezeichnen, d. h. als Behandlung mit einer Substanz, die von einem Tier stammt, das an derselben Krankheit leidet. Die Nosode kann aber auch gegen jedes beliebige Leiden eingesetzt werden, dessen Symptome dem Symptomkomplex einer bestimmten Nosode ähneln. Beispielsweise wird die *Psorinum*-Nosode zur Therapie einer bestimmten Hauterkrankung verwendet, die während der Arzneimittelprüfung dieser Nosode aufgetaucht ist. In diesem Fall spricht man von Homöopathie, d. h. der Behandlung mit einer Substanz, die von einem Tier stammt, das an einer ähnlichen Krankheit leidet. In diesem Zusammenhang sei daran erinnert, daß viele Nosoden wie selbständige Materia medica (Ausgangsstoffe) geprüft wurden – mit anderen Worten, jede Nosode hat ihr eigenes Arzneimittelbild. In der Veterinärmedizin wurden viele Nosoden entwickelt, ohne daß es für sie eigene Arzneimittelbilder gibt, und sie werden fast ausschließlich zur Behandlung oder Vorbeugung der zugehörigen Krankheiten eingesetzt.

Autonosoden

Diese spezielle Nosode wird aus Substanzen gebildet, die ausschließlich von einem kranken Tier stammen, wie beispielsweise Eiter aus einer chronischen Fistel. Dieses Material wird verdünnt und in der Therapie desselben Tieres verwendet. An dieser Stelle ließen sich viele Beispiele nennen, doch reicht die Erklärung des Prinzips wohl schon aus. Autonosoden werden im allgemeinen bei hartnäckigen Fällen verwendet, bei denen genau angezeigte Arzneien die gewünschte Wirkung nicht erbracht haben. Autonosoden können dann häufig überwältigenden Erfolg haben.

Oral-Vakzine

Oral-Vakzine können, ähnlich wie Nosoden, therapeutisch und prophylaktisch eingesetzt werden. Wenn das Leiden ausschließlich durch Befall mit Viren oder Bakterien hervorgerufen wurde, kann der Erfolg eines Oral-Vakzins oft spektakulär sein.

Dies ist jedoch weniger wahrscheinlich, wenn die akute Infektion durch eine unterschwellige chronische Krankheit kompliziert wird. In diesem Fall werden konstitutionelle oder andere Heilmittel notwendig.

Vorgehen beim homöopathischen Impfen

Die hier ausgesprochenen Empfehlungen beziehen sich auf Nosoden und Oral-Vakzine. Es gibt keine eiserne Regel, wie oft ein Tier geimpft werden soll. Wenn eine Nosode bzw. ein Oral-Vakzin bereits einmal erfolgreich verwendet wurde, kann man dem kranken Tier morgens und zur Nacht drei Tage lang eine einzelne Dosis oral (als Pulver oder Tablette) verabreichen. Anschließend gibt man vier Wochen lang eine Dosis pro Woche und darauf folgend eine monatliche Dosis über sechs Monate.

Zwischen der herkömmlichen Impfung durch Injektion und der homöopathischen oralen Impfmethode besteht ein grundsätzlicher Unterschied. Bei der herkömmlichen Methode wird ein Impfstoff, das sog. Antigen, in einen Muskel bzw. unter die Haut gespritzt. Nach einer gewissen Zeit hat das körperliche Abwehrsystem (Immunsystem) gegen diesen Impfstoff, den es als Fremdkörper identifiziert hat, Antikörper gebildet, die über die Blutgefäße im gesamten Körper verteilt werden. Obwohl in den meisten Fällen der Körper hierdurch gegen eine bestimmte Krankheit immun wird, kann man gegen dieses Verfahren zwei Bedenken einwenden. So werden beispielsweise nicht alle Bestandteile des körperlichen Abwehrsystems eingeschaltet, und außerdem besteht ein hohes Risiko, daß Nebenwirkungen eintreten. Diese sind deshalb zu erwarten, weil das Immunsystem den Impfstoff wie einen »normalen« anderen Krankheitserreger betrachtet und mit zum Teil heftigen Abwehrreaktionen antwortet (z. B. Impffieber, allergischer Schock).

Eine orale Impfung bietet einen viel solideren Immunschutz, da sämtliche Abwehrmechanismen des Körpers (z. B. Mandeln, lymphatische Organe) mobilisiert werden, sobald das Tier den Impfstoff geschluckt hat. Die Abwehrkräfte des Körpers werden dabei mit jeder weiteren Dosis verstärkt. Dieser Vorgang entspricht viel eher einer Impfung auf natürlichem Wege – etwa in der Art, wie sich eine Katze oder ein Hund durch Umgang mit anderen Tieren mit einem bestimmten Virus infiziert und dadurch gegen dieses Virus immun wird.

Einige Hersteller konventioneller Impfstoffe haben dieses Prinzip erkannt und ein Produkt auf den Markt gebracht, das mit Hilfe eines Zerstäubers direkt in die Nasenlöcher geblasen wird.

Ein weiterer Vorteil der homöopathischen Impfung ist, daß gerade sehr junge Tiere schon zu einem frühen Zeitpunkt geimpft werden können, beispielsweise schon in der ersten Lebenswoche. Dabei kommt es zu keinen störenden Wechselwirkungen mit Antikörpern, die von der Mutter stammen (über Milch oder Plazenta). Wenn sich bei einer konventionellen Impfung unerwünschte Nebenwirkungen einstellen, können diese auch durch Gabe der entsprechenden Nosode (in steigenden Potenzen und unterschiedlichen Intervallen) behoben werden. Solche Nebenwirkungen kommen bei Katzen seltener vor als bei Hunden. Gravierende Nebenwirkungen durch homöopathische Oral-Vakzine sind nicht bekannt; wenn es tatsächlich einmal zu einer Reaktion kommen sollte, fällt diese meist leicht aus und geht rasch vorbei.

Intestinale Nosoden (nach Paterson)

Normalerweise werden intestinale Nosoden unter der Überschrift »Oral-Vakzine« abgehandelt, da auch die verdünnten Vakzine aus den eigentlichen Erregerkulturen gefertigt werden. Einleitend zum Studium der intestinalen Nosoden soll die Aufgabe des Darmbakteriums *Escherichia coli* innerhalb des Organismus betrachtet werden. Beim gesunden Tier haben die Bakterien eine nützliche Funktion, da sie wichtige Substanzen liefern, die im Rahmen des Verdauungsprozesses anfallen. Wenn sich das kranke Tier aber in einer veränderten Situation befindet, wie beispielsweise Streß, der sich auf die Magenschleimhaut auswirkt, wird das Gleichgewicht zwischen gesundem Zustand und Krankheit gestört, und die Darmbakterien werden dadurch möglicherweise zu pathogenen Erregern (Krankheitserregern). Diese Veränderung im Patienten muß nicht unbedingt schädlich sein, da sie auch durch die Verabreichung potenzierter Homöopathika bewirkt werden kann. Die Ursachen der Erkrankung liegen daher möglicherweise im Patienten (bzw. kranken Tier) selbst, der die Bakterien zu dieser Änderung ihres Verhaltens veranlaßt.

In Laboruntersuchungen tauchte bei einem Patienten, bei dem bisher nur *E. coli* diagnostiziert wurden, plötzlich ein größerer Anteil von Bazillen auf, die keine Laktosegärung (Milchzuckergärung) durchführen und zu einem pathogenen Typ gehören, der Typhus/Parathyphus hervorruft. Da dieser Bazillustyp nach einer zehn- bis vierzehntägigen Latenzzeit erschienen war, nachdem das Mittel (erstmals) eingesetzt wurde, sieht es offenbar so aus, als habe das potenzierte Homöopathikum die Darmflora verändert. Im vorliegenden Fall war der pathogene Erreger die Folge einer Vitalreizung, die das homöopathische Mittel im Patienten auslöste. Der Erreger war also keinesfalls die Ursache für irgendeine (pathologische) Veränderung. Zu jedem Erreger (Bazillus) gehört ein charakteristisches symptomatisches Gesamtbild, und auch aus dem klinischen wie dem Laborbild kann man bestimmte Schlüsse ziehen. Diese lassen sich folgendermaßen zusammenfassen:

▷ Ein spezieller Erreger steht mit der Krankheit in Bezug.

▷ Ein spezieller Erreger steht mit dem homöopathischen Mittel in Bezug.

▷ Ein homöopathisches Mittel steht mit der Krankheit in Bezug.

Folgende intestinalen Nosoden (nach Paterson) sind in der praktischen Veterinärmedizin von Bedeutung:

Morgan (Bach) oder Morganscher Bazillus

Klinische Beobachtungen haben gezeigt, daß das symptomatische Gesamtbild des Morgan-Bazillus die Bereiche Magen-Darm-Trakt und Atemwege abdeckt. In den Wirkungsbereich fallen aber auch Fasergewebe und Haut. Hauptsächlich wird es gegen Ekzeme bei jungen Katzen eingesetzt, und zwar kombiniert mit Mitteln wie *Sulfur*, *Graphites* (syn. *Carbo mineralis*), *Petroleum* und *Psorinum*.

Bazillus Proteus (Bach)

Das zentrale und periphere Nervensystem heben sich während der Arzneimittelprüfung dieser »Nosode« heraus: Man beobachtet Krämpfe und plötzliche Anfälle, parallel dazu Spasmen in der peripheren Durchblutung. Auch Muskelkrämpfe sind ein häufiges Zeichen, desgleichen oft auch ein angioneurotisches (gefäßneurotisches) Ödem. Das Tier ist erhöht gegen UV-Licht empfindlich. Ähnliche Mittel sind *Cuprum metallicum* und *Natrium muriaticum* (syn. *Natrium chloratum*).

Gärtnerscher Bazillus (Bach)

Mit dieser »Nosode« sind ausgeprägte Abmagerung und Unterernährung verbunden. Das Tier leidet an chronischer Gastroenteritis (Magen-Darm-Grippe), kann kein Fett verdauen und wird häufiger als gesunde Tiere von Würmern befallen. Ähnliche Arzneien sind *Mercurius, Phosphorus* und *Silicea* (syn. *Acidum silicicum*).

Dysenterie-Bazillus (Bach)

Die Wirkungsrichtung dieser »Nosode« sind der Magen-Darm-Trakt und das Herz. Beim kranken Tier treten Pylorusspasmen (Krämpfe des Magenpförtner-Muskels) auf, verdauter Mageninhalt wird zurückgehalten, was zu Erbrechen führt. Manchmal wird bei nervösen Tieren eine funktionelle Störung der Herzarbeit beobachtet, die mit einem Reizzustand einhergeht. Ähnliche Mittel sind *Arsenicum album* (syn. *Acidum arsenicosum*), *Argentum nitricum* und *Kalmia latifolia* (Berglorbeer).

Sycoccus (Paterson)

Im wesentlichen wirkt diese »Nosode« bei subakuten und chronischen Entzündungen der Schleimhautepithelien – insbesondere im Darmtrakt, wo eine chronische Darmschleimhautentzündung (Dünndarmkatarrh) auftritt. Chronische Bronchitis und Schnupfen kommen ebenfalls vor. Ähnliche Arzneien sind *Mercurius corrosivus, Acidum nitricum* und *Hydrastis*.

Hauptindikationen für die Verwendung von intestinalen Nosoden

Wenn ein krankes Tier in der Arztpraxis vorgeführt wird, das ein oder zwei Leitsymptome aufweist, die auf ein bestimmtes Homöopathikum hinweisen, dann sollte man dieses Mittel anwenden. Falls die Resultate unbefriedigend sind, müssen nötigenfalls auch unterschiedlich starke Potenzen eingesetzt werden, ehe man die Therapie verwirft und zu einem anderen Mittel greift. Bei chronischen Krankheiten können miteinander kollidierende Symptome auftreten, die wiederum auf unterschiedliche, miteinander konkurrierende Homöopathika verweisen. In solchen Fällen läßt sich eine intestinale Nosode hervorragend einsetzen. Durch die Untersuchung der ähnlichen Mittel wird man schließlich auf die Nosode der Wahl stoßen. Wenn man den Gebrauch einer intestinalen Nosode in Erwägung zieht, verlangt die Frage der Potenz und der Dosierungswiederholung besondere Sorgfalt. Die Geist- und Gemütssymptome, wie sie beim kranken Menschen häufig anzutreffen sind, stehen einem Veterinär nicht zur Verfügung. Daher muß er sich ausschließlich mit den objektiven (klinischen) Zeichen und pathologischen Veränderungen befassen. Die Tief- und Mittelpotenzen (D6 bis D30) sind für diesen Zweck besser geeignet als Hochpotenzen (D30 bis D200) und können gefahrlos einige Tage lang täglich eingenommen werden. Intestinale Nosoden sind

Arzneien mit hoher Tiefenwirkung und sollten erst wieder eingesetzt werden, wenn einige Monate seit der Erstverordnung verstrichen sind.

Für die kritische Abhandlung, die der verstorbene Dr. John Paterson verfaßt hat, bin ich in besonderem Dank verbunden.

Ausgangsstoffe in der Homöopathie: Materia medica

In der Einführung dieses Buches wurde bereits auf Nosoden und Oral-Vakzine verwiesen. In den nun aufgelisteten Ausgangsstoffen (Materia medica) sind alle Nosoden durch einen Stern (*) gekennzeichnet. Im Zusammenhang mit den Nosoden sollte notwendigerweise erwähnt werden, daß alle Krankheitsprodukte, die in den Nosoden und Oral-Vakzinen verwendet werden, ab der sechsten Dezimalpotenz (D6) bzw. der dritten Centesimalpotenz (C3) unschädlich sind. Diese Potenz entspricht einer Verdünnung der Ursubstanz (∅) von 1:1 000 000. Nosoden und Oral-Vakzine werden in der Potenz D30 verwendet.

Abies canadensis (syn. *Tsuga canadensis*) Hemlocktanne, Familie Pinaceae (Kieferngewächse)

Die Urtinktur (∅) wird aus der frischen Rinde und den jungen Knospen hergestellt. Das Mittel hat im allgemeinen eine hohe Affinität zu Schleimhäuten, insbesondere zur Magenschleimhaut, deren Entzündung diese Pflanze hervorruft. Eine Beeinträchtigung der Leberfunktion kann auftreten und zu Blähungen und ungenügender Gallenbildung führen. Der Appetit wird gesteigert, und es können Heißhungergefühle eintreten. *Abies* wird hauptsächlich als Verdauungsmittel eingesetzt.

Abrotanum (= *Arthemisia abrotanum*) Eberraute, Familie Asteraceae (Korbblütler)

Eine Tinktur aus den frischen Blättern bildet die ∅. Diese Pflanze verursacht Muskelschwund in den unteren Gliedmaßen und wird bei Tieren mit entsprechenden Schwächen eingesetzt. Ein besonderes Leitsymptom ist, wenn bei Neugeborenen Sekret oder Blut am Bauchnabel austritt. Neben anderen Mitteln dient *Abrotanum* zur Bekämpfung von Wurmbefall bei jungen Tieren. Das Mittel gilt auch als erfolgreiche Arznei bei bestimmten akuten Formen der Arthritis, wenn alle anderen Symptome ebenfalls dafür sprechen.

Absinthum (= *Artemisia absinthum*) Absinth, Familie Asteraceae (Korbblütler)

Die Urtinktur stammt aus einem Aufguß des Wirkstoffs. Die Wirkung dieser Substanz auf den gesamten Organismus besteht darin, einen Verwirrungs- und Krampfzustand zu erzeugen, dem ein Muskelzittern vorausgeht. Besonders stark ist das zentrale Nervensystem (ZNS) betroffen, so daß das Tier häufig umfällt. Die Augenpupillen können ungleichmäßig geweitet sein. *Absinthum* gehört zu den Mitteln, die am häufigsten gegen die unterschiedlichen Formen der Epilepsie eingesetzt worden.

Acidum benzoicum e resina Benzoësäure

Die Potenzen werden aus Benzoëharz gewonnen, das verrieben und in Alkohol (Ethanol) aufgelöst wird. Die Wirkungsrichtung dieser Arznei ist der Harntrakt. Farbe und Geruch des Harns werden durch die Säure verändert: Der Urin verfärbt sich dunkelrot und enthält Harnsäuresediment. Benzoësäure wird gelegentlich bei manchen Blasen- und Nierenleiden verwendet.

Acidum fluoricum (syn. *Acidum fluoratum*) Flußsäure

Die Potenzen werden durch Destillation von Kalziumfluorid (CaF_2) mit Schwefelsäure (H_2SO_4) hergestellt. Seine Wirkung erstreckt sich auf die meisten Gewebstypen, wo *Acidum fluoricum* tief liegende Geschwüre und Degenerationsschäden hervorruft. Bei der Behandlung der Aktinomykose (Strahlenpilzkrankheit) und bei Geschwürbildungen in Maul und Hals wurde *Acidum fluoricum* erfolgreich eingesetzt. Mit hoher Wahrscheinlichkeit kann dieses Mittel auch manche Knochennekrosen heilen.

Acidum muriaticum (syn. *Acidum hydrochloricum*) Salzsäure

Die Potenzen werden durch Verdünnung der Säure mit destilliertem Wasser hergestellt. Durch die Säure wird im Blut ein krankhafter Zustand hervorgerufen, der dem Krankheitsbild chronischer Fieberzustände entspricht. Der Rachen wird dunkelrot und ödematös; parallel dazu entstehen Geschwüre an den Lippen, Zahnfleisch und Halsdrüsen schwellen an.

Acidum nitricum Salpetersäure

Die Potenzen werden aus einer Lösung in destilliertem Wasser zubereitet. Die Säure wirkt sich vornehmlich auf Körperöffnungen aus, wo Oberhaut und Schleimhaut zusammentreffen. Sie ruft Geschwüre und Bläschen (mit abstoßenden Absonderun-

gen) im Maul hervor. Die Geschwürbildung (Ulzeration) kann sich auch auf andere Bereiche der Mukosa (Schleimhaut) ausdehnen. Manche Schleimhauterkrankungen sprechen gut auf dieses Mittel an.

Acidum phosporicum Phosphorsäure

Die Potenzen werden aus einer Verdünnung der Säure mit destilliertem Wasser hergestellt. Die Säure ruft einen Entkräftungszustand hervor, der durch Aufgeblähtheit und Durchfall charakterisiert ist.

Acidum salicylicum Salicylsäure

Eine Verreibung (Trituration) des Pulvers liefert die $\emptyset$. Die Wirkungsrichtung dieser Säure sind Gelenke, wo Schwellungen und in manchen Fällen auch Knochenfraß hervorgerufen werden. Während der Arzneimittelprüfung treten auch starke Magenblutungen und andere Magensymptome auf. Eine Behandlung mit *Acidum salicylicum* ist bei rheumatischen Beschwerden, Knochengelenksentzündungen (Osteoarthritis) sowie spontanen (idiopathischen) Magenblutungen geeignet.

Aconitum napellus Blauer Eisenhut, Sturmhut, Familie Ranunculaceae (Hahnenfußgewächse)

Zur Bereitung der Urtinktur ($\emptyset$) wird die gesamte Pflanze verwendet, da alle Teile den Wirkstoff Aconitin enthalten. *Aconitum* wirkt sich vorzugsweise auf seröse Membranen und Muskelgewebe aus, wo funktionelle Störungen hervorgerufen werden. Alle Körperteile werden unter

Spannungszuständen plötzlich befallen. Diese Arznei sollte in den Frühstadien eines Fieberzustandes eingesetzt werden, wenn diese Symptome schlagartig auftauchen. Dies mag auch auf eine Verschlimmerung der Krankheit hinweisen, wenn beispielsweise das Fieber sehr hoch ansteigt. Zu den prädisponierenden Faktoren, die den Einsatz dieses Mittels gebieten, gehören Schock und Operationen; desgleichen kann ein Tier anfällig sein, wenn es längere Zeit kalten, trockenen Winden oder trockener Hitze ausgesetzt war. Auch bei den »Wochenbett-Beschwerden«, sofern diese plötzlich und mit Bauchfellkomplikationen auftauchen, kann dieses Mittel verwendet werden.

Actaea racemosa (syn. *Cimifuga racemosa*) Wanzenkraut, Traubensilberkraut, Familie Ranunculaceae (Hahnenfußgewächse)

Durch Verreibung (Trituration) des Harzes kommt die Ø zustande. Das Harz dieser Pflanze besitzt ein weites Wirkspektrum auf unterschiedliche Körperteile, vor allem auf den weiblichen Genitaltrakt und die Gelenke. Hierdurch können insbesondere Probleme mit der Gebärmutter (Uterus) und Entzündungen an kleinen Gelenken (Arthritis) entstehen. Muskelschmerzen sind deutlich zu erkennen, und eine Erkrankung der Halswirbel läßt sich anhand der steifen Nackenmuskulatur nachweisen.

Adonis vernalis Frühlingsadonisröschen, Familie Ranunculaceae (Hahnenfußgewächse)

Die Potenzen werden aus einem Aufguß der frischen Pflanze gewonnen. Das Hauptinteresse des Veterinärs an dieser Arznei ist ihre Wirkung auf eine geschwächte Herzarbeit, deren Folgen Ödeme (Wassersucht) und spärlicher Urinfluß sind. *Adonis* ist wichtig bei Erkrankungen der Herzklappen und erschwerter Atmung infolge einer Stauungslunge.

Aesculus hippocastanum
Roßkastanie, Familie Hippocastanaceae (Roßkastaniengewächse)

Die Ø wird aus der Kastanienfrucht (mit ihrer Hülle) bereitet. Diese Pflanze wirkt sich in erster Linie auf den unteren Darmbereich aus, wo sie venöse Stauungen hervorruft. Verdauungssystem und Blutkreislauf arbeiten generell langsamer, besonders schleppend ist die Arbeit der Leber und Pfortader. Der Kot des Tieres ist jetzt eher trocken. *Aesculus* wird erfolgreich bei Leberleiden mit venösen Stauungen verwendet, die den gesamten Kreislauf beeinträchtigen. Auch Stauungsbeschwerden (Wasser, Schleim) im Brustraum (Thorax) lassen sich hiermit gut behandeln.

Agnus castus (= *Vitex agnuscastus*) Keuschlamm, Mönchspfeffer, Familie Verbenaceae (Eisenkrautgewächse)

Die Ø stammt aus einer Tinktur der reifen Beeren. Eine der Hauptwirkungsrichtungen dieser Pflanze sind die Sexualorgane. Die Arznei ruft dort eine herabgesetzte Funktion hervor, begleitet von Schwächezuständen. Bei männlichen Tieren können die Hoden verhärten und anschwellen, bei weiblichen wurde Sterilität beobachtet.

Aletris farinosa Sternwurzel, Familie Liliaceae (Liliengewächse)

Die Ø wird aus der Wurzel hergestellt. Die Sternwurzel wirkt auf den weiblichen Genitaltrakt, besonders die Gebärmutter. Das Mittel wird gegen Fehlgeburt und zur Therapie von Uterusabsonderungen eingesetzt, aber auch zur Behandlung der Scheinhitze bei Tieren, die zusätzlich unter Appetitlosigkeit leiden.

Allium cepa Küchenzwiebel, Familie Liliaceae (Liliengewächse)

Die Ø wird aus der ganzen Pflanze bereitet. Dem Arzneimittelbild dieser Pflanze sind Schnupfen, Nasenfluß sowie Kehlkopfbeschwerden zugeordnet. *Allium* eignet sich für alle Frühstadien eines Katarrhs, die in einen typischen Schnupfen (Coryza) ausarten.

Alumen Alaun, Aluminium-Kalium-Sulfat

Alaun ist bei Erkrankungen der Gliedmaßen ein geeignetes Mittel. Dies gilt auch für Schleimhauterkrankungen (Austrocknung der Mucosa) in verschiedenen Körperbereichen. Häufig werden auch Erkrankungen des zentralen Nervensystems behandelt, die unterschiedlich ausgeprägte Lähmungserscheinungen (Paralyse) hervorrufen.

Amanita muscaria (syn. *Agaricus muscarius*) Fliegenpilz, Familie Amanitaceae (Blätterpilze, Lamellenpilze)

Die Ø wird aus dem frischen Pilz (Fruchtkörper) hergestellt. Unter den verschiedenen Giftstoffen, die in diesem Pilz gefunden wurden, ist Muscarin der bekannteste. Die Vergiftungserscheinungen treten im allgemeinen verzögert auf, maximal aber zwölf Stunden nach Verzehr. Die Hauptwirkungsrichtung ist das zentrale Nervensystem (ZNS), wo Schwindel und Delirium hervorgerufen werden, gefolgt von Schläfrigkeit. Die cerebrale Erregung findet in vier erkennbaren Phasen statt: (1.) Leichte (sichtbare) Reizung. (2.) Vergiftung mit Gemütserregung. (3.) Delirium. (4.) Depression mit Neigung zum Einschlafen. Diese Wirkungen bestimmen den Gebrauch dieses Mittels bei Krankheiten des ZNS, wie beispielsweise Nekrosen der Hirnrinde oder Hirnhautentzündung (Meningitis), die von schubweisem schweren Magnesiummangel im Blut (Hypomagnesämie) begleitet werden können. Erkrankungen des Trommelfells, verbunden mit Blähungen, können gut auf die Arznei ansprechen, die auch als Rheumamittel und bei der Therapie bestimmter Muskelkrämpfe verwendet wird.

Ammonium carbonicum Hirschhornsalz oder Ammoniumkarbonat

Hirschhornsalz wird in destilliertem Wasser gelöst, und daraus werden die Potenzen hergestellt. Vornehmlich wird es bei Erkrankungen der Atemwege eingesetzt, besonders wenn gleichzeitig die benachbarten Lymphdrüsen angeschwollen sind. Auch bei Leiden des Brustraums, wie Emphysem (Lungenerweiterung) und Lungenödem, kann diese Arznei Abhilfe schaffen. Das Salz ist außerdem bei Magenverstimmungen sehr hilfreich, und eine träge Magenperistaltik wird ebenfalls durch Hirschhornsalz angeregt.

Ammonium causticum
Ammoniak

Auch hier werden die Potenzen aus einer Lösung hergestellt – durch Auflösen der Substanz in destilliertem Wasser. Dieses Salz hat eine ähnliche, jedoch ausgeprägtere Wirkung auf die Schleimhäute als *Ammonium carbonicum* und ruft Geschwüre auf der Schleimhautoberfläche hervor. Außerdem ist es ein kräftiges Herzstärkungsmittel. Krankheiten der Schleimhäute können mit dieser Arznei behandelt werden, desgleichen Atemwegserkrankungen, bei denen die Lunge stark betroffen ist. Charakteristische Symptome sind starke Schleimbildung und feuchter Husten.

Angustura vera (syn. *Galipea officinalis*) Angustura, Familie Rutaceae (Rautengewächse)

Die ∅ kommt durch Verreibung der Baumrinde zustande. Als Wirkungsrichtung dieser Heilpflanze kommen vornehmlich Knochen und Muskulatur in Betracht. Besonders ausgeprägt sind steife, schmerzende Glie-

der (in unterschiedlichem Ausmaß) sowie Knochenauswüchse (Überbein). Gelegentlich werden auch leichte Lähmungserscheinungen der Beine beobachtet. Die Auswirkung auf die Knochen kann zu Knochenfraß führen, eventuell können auch Brüche auftreten.

* Anthracinum Nosode aus Milzbrandpustel

Die ∅ wird aus befallenem Gewebe oder Kulturen durch Auflösen in Alkohol hergestellt. Diese Nosode ist zur Therapie von Hauterkrankungen mit Ausschlag geeignet, die durch eiterbläschenartige Anschwellungen charakterisiert sind. Das Zellgewebe wird hart, und die benachbarten Lymphdrüsen schwellen an. Eine charakteristische Hautläsion hat die Form einer harten Beule, deren Mitte brandig (nekrotisch) ist und von einem schwarzen Rand umgeben wird. *Anthracinum* hat sich hervorragend bei der Behandlung stark infizierter Bißwunden bewährt.

Antimonium arsenicosum
Arseniges Antimon

Die Potenzen werden aus pulverisiertem kristallinem Salz hergestellt, das in destilliertem Wasser oder in Ethanol gelöst wird. Diese Substanz wirkt sich selektiv auf die Lungen aus und wird hauptsächlich bei der Therapie von Emphysemen und länger bestehender Lungenentzündungen eingesetzt. Wenn die Krankheit von Husten begleitet wird, verschlimmert sich dieser während des Fressens. Meist wollen die erkrankten Tiere lieber stehen als liegen.

Antimonium crudum Schwarzer Spießglanz, Grauspießglanzerz

Die Potenzen werden aus einer Verreibung des getrockneten Salzes bereitet. Das Mittel besitzt einen starken Einfluß auf Magen und Haut und löst dort Erscheinungsformen aus, die durch Hitze verschlimmert werden. Gute Heilwirkung ist bei Hautleiden mit Bläschen (Exanthemen) gegeben.

Antimonium tartaricum
Brechweinstein

Auch hier ist eine Trituration (Verreibung) des getrockneten Salzes die Ausgangsstufe der Potenzen. Dieses Mittel äußert sich vornehmlich bei den Atemwegen; die Erkrankungen werden von übermäßiger Schleimbildung begleitet, und dennoch fällt das Aushusten schwer. Da die Hauptwirkung dieser Arznei auf die Atemwege zielt, gilt sie als gutes Mittel gegen Krankheiten wie Herdpneumonie (Bronchopneumonie) und Lungenödem. Leiden, die eine Therapie mit diesem Mittel verlangen, werden häufig von Schläfrigkeit begleitet; zudem sind die erkrankten Tiere selten durstig. Bei Lungenentzündung können die Augenwinkel mit Schleim angefüllt sein.

Apis mellifica Honigbiene, Familie Apidae (Bienen)

Die ∅ wird aus dem ganzen Insekt bereitet; sie kann aber auch aus dem Gift durch Verdünnung mit Ethanol hergestellt werden. Das Bienengift löst im Zellgewebe Ödeme (Wasseransammlungen) und Anschwellungen aus. Die Ausbildung eines Ödems an beliebiger Stelle im System (Körper) kann wiederum eine Vielzahl akuter und chronischer Krankheitszustände entfachen. Da das Arzneimittelbild für alle Gewebstypen und Schleimhäute sehr gut beschrieben ist, sollte man dieses Mittel für sämtliche Krankheiten mit ödemartigen Schwellungen in Betracht ziehen. Gelenke mit angeschwollener Synovia (Gelenkschmiere) können auf diese Arznei ansprechen. Atemwegserkrankungen mit übermäßiger Bildung von Lungenflüssigkeit oder Ödemen wurden ebenfalls erfolgreich behandelt. Außerdem wurde *Apis* mit guter Wirkung gegen Ovarialzysten (Zysten am Eierstock) eingesetzt. Alle (genannten) Krankheiten werden durch Hitze verschlimmert, und die erkrankten Tiere zeigen keinen Durst.

Apocynum cannabinum Kanadischer Hanf, Familie Apocynaceae (Hundsgiftgewächse)

Die ∅ stammt aus dem Aufguß der frischen Pflanze. Durch die Droge wird die Magentätigkeit gestört und auch die Herzmuskulatur beeinträchtigt, welche langsamer arbeitet. Auch das Urogenitalsystem (Harnwege und Geschlechtsorgane) wird stark beeinflußt: Hier werden vermehrte Harnausscheidung (Diurese) und Blutungen am Uterus hervorgerufen. Charakteristisch ist, daß das Tier schläfrig und benommen ist. Häufig sind auch Symptome der oberen Luftwege, beispielsweise gelblich-schleimiger Nasenausfluß.

Apomorphinum hydrochloricum Apomorphin

Apomorphin ist ein Morphinalkaloid und wirkt sehr stark auf den Gehirnbereich, der das Erbrechen steuert. Das Tier erbricht sich mehrmals, nachdem sich bei ihm zuvor sehr viel Speichel und Schleim gebildet haben. Seine Pupillen weiten sich. Das Mittel wird in der praktischen Tiermedizin verwendet, um den Magen vollständig zu entleeren – wenn man beispielsweise eine Vergiftung vermutet oder ein Fremdkörper verschluckt wurde. In der Homöopathie wird dieses Mittel eingesetzt, um ein kontrolliertes heftiges Erbrechen zu erzielen.

Argentum nitricum Höllenstein, Silbernitrat

Diese Arznei wird durch Verreibung des Salzes bereitet, das anschließend in Alkohol oder destilliertem Wasser aufgelöst wird. Sie ruft unkoordinierte Bewegungen hervor, die ein Zittern an verschiedenen Stellen bewirken. Das Mittel übt eine Reizwirkung auf die Schleimhäute aus, die daraufhin mit einer starken schleimig-eitrigen Sekretabsonderung reagieren. Die Erythrozyten (rote Blutkörperchen) werden ebenfalls angegriffen, und deren Zerstörung kann zu einer Blutarmut (Anämie) führen. Aufgrund seiner Hauptwirkungsrichtung ist das Mittel ideal bei Augenleiden.

Arnica montana Arnika, Bergwohlverleih, Familie Asteraceae (Korbblütler)

Die ∅ wird aus der ganzen, frisch gepflückten Pflanze bereitet. Das Mittel bewirkt im gesamten Körper (System) ein Gefühl von Wundsein oder Zerschlagenheit und wird daher hauptsächlich bei Verwundungen eingesetzt, bei denen die Haut nicht verletzt ist. Aufgrund seiner hohen Affinität zu Blutgefäßen ruft das Mittel dort Erweiterungen, Stauungen und vermehrte Durchlässigkeit hervor. Dennoch können unterschiedliche Formen der Blutung auftreten. Als höhere Potenz gegeben, verringert *Arnica* Schockzustände. Routinemäßig sollte man es vor und nach einem chirurgischen Eingriff verabreichen, weil die Blutungen auf diese Weise besser kontrolliert werden können. Wenn die Arznei nach der Geburt verabreicht wird, beschleunigt sie die Heilung von überdehntem, eventuell gequetschtem Gewebe, bei regelmäßiger Gabe während der Schwangerschaft fördert sie eine schonende Geburt.

Arsenicum album (syn. *Acidum arsenicosum*) Arsenige Säure

Diese Arznei wird durch Verreibung und anschließende Verdünnung hergestellt. Die sehr tiefgreifende Wirkung dieses Mittels zielt auf jedes Gewebe im Körper, und seine klar umrissenen charakteristischen Symptome machen den Gebrauch bei den unterschiedlichsten Krankheiten eindeutig. Die Ausscheidungen sind streng und brennend, durch

Hitzeeinwirkung tritt eine Erleichterung der Symptome ein. *Arsenicum album* findet bei vielen trockenen, schuppenden und juckenden Hauterkrankungen Verwendung. Infektionen mit Coli-Bakterien oder Kokzidien können ebenfalls durch diese Arznei kuriert werden. Außerdem ist sie manchmal bei Lungenentzündung angebracht, wenn das kranke Tier geringen Durst (kleine Wassermengen) zeigt und sich die Symptome vor Mitternacht verschlechtern.

Arsenicum jodatum Arsenjodid

Dieses Mittel wird aus verriebenem Salz hergestellt, das in destilliertem Wasser gelöst wird. Wenn die Ausscheidungen weiterhin hartnäckig reizen und ätzen, mag diese Arznei besser geeignet sein als *Arsenicum album*. Die Schleimhäute verfärben sich rot, sind geschwollen und voller Ödeme, besonders im Bereich der Atemwege. Bronchitis und Lungenentzündung, die im Abklingen begriffen sind, sind Krankheiten, die man mit *Arsenicum jodatum* behandeln kann.

Atropinum (syn. *Atropinum purum*) Atropin, ein Alkaloid aus *Atropa bella-donna* (s. *Belladonna*)

Dieses Alkaloid erzeugt einige der Effekte von *Belladonna*; jedoch hat es ausgeprägtere Wirkungen, insbesondere auf die Augen (Pupillenweitung), aber auch auf Schleimhäute im allgemeinen, die dann sehr stark austrocknen. *Atropinum* sollte überall dort verordnet werden, wo das Arzneimittelbild von *Belladonna* nicht ausreicht.

* Aviaria (syn. *Tuberculinum aviaria*)

Das Gewebe, aus dem die Nosode gewonnen wird, stammt von erkrankten Vögeln. Die Nosode kann bei der Behandlung bestimmter Lungenentzündungen hilfreich sein. Den besten Heilerfolg haben chronische Erkrankungen.

* Bacillinum

Diese Nosode wird aus Gewebe von Tuberkulosekranken hergestellt. *Bacillinum* nur wenig Bedeutung. Die Nosode erweist sich bei Scherpilzflechte (Trichophytie) und ähnlichen Hauterkrankungen als sehr hilfreich.

Baptisia tinctoria Wilder Indigo, Familie Fabaceae (Schmetterlingsblütler)

Die ∅ wird aus der frischen Wurzel und Rinde hergestellt. Das Arzneimittelbild dieser Pflanze ist Blutvergiftung (Sepsis), die zu Kraftlosigkeit und Mattigkeit führen kann. Typische Symptome sind erhöhte Temperatur und große Muskellethargie. Die ausgeschiedenen Sekrete und Stoffe sind allesamt sehr abstoßend. Außerdem beobachtet man einen erhöhten Speichelfluß sowie Geschwüre, die sich an dem farblos gewordenen Zahnfleisch bilden. Mandeln und Rachen verfärben sich dunkelrot, der Kot ist durchfallartig. Bei Durchfall (speziell bei Katzenruhr) sollte man sich dieses Mittels erinnern − vorausgesetzt, daß auch die übrigen Symptome stimmen.

Barium carbonicum
Bariumkarbonat

Diese Arznei wird durch Verreibung des Salzes hergestellt, das in destilliertem Wasser aufgelöst wird. Im allgemeinen zeigt Bariumkarbonat vornehmlich Symptome und Leiden von ganz alten bzw. ganz jungen Tieren. Man sollte daran denken, daß diese Arznei besonders bei bestimmten Atemwegserkrankungen hilft.

Barium chloratum (syn. *Barium muriaticum*) Bariumchlorid

Die ∅ wird aus der Lösung des Salzes in destilliertem Wasser gewonnen. Das Salz ruft periodische Krampfanfälle hervor, bei denen sich auch die Gliedmaßen verkrampfen können. Aus den Ohren läuft sehr abstoßendes Sekret, und die Ohrspeicheldrüse (Parotis) schwillt an. Die Drüsen im Unterbauch verhärten sich, darunter die Bauchspeicheldrüse (Pankreas). Bariumchlorid ist das geeignete Mittel, wenn Krebsgeschwüre im Ohr auftauchen. Es ist aber auch für die Behandlung von Tieren geeignet, die zu geschwollenen Drüsen bei gleichzeitigen Beschwerden am zentralen Nervensystem neigen.

Belladonnna (= *Atropa bella-donna*) Tollkirsche, Familie Solanaceae (Nachtschattengewächse)

Die ∅ wird aus der ganzen, voll erblühten Pflanze hergestellt. Die Wirkung dieser Pflanze auf das zentrale Nervensystem ist sehr tiefgreifend, sie ruft Erregungszustände und arterielle Hyperämie (Blutüberfülle der Arterien) hervor. Einen besonderen konstanten Einfluß besitzt *Belladonna* auch auf Haut, Drüsen und das Gefäßnetz. Eines der Leitsymptome, nach denen sich die Verschreibung dieser Arznei richtet, ist ein schnellender Puls bei allen fiebrigen Erkrankungen, die unter Umständen von nervösem Gesamtbefinden begleitet sein können. Ein anderes Leitsymptom sind geweitete Pupillen.

Bellis perennis Gänseblümchen, Familie Asteraceae (Korbblütler)

Die ∅ wird aus der ganzen, frisch gepflückten Pflanze hergestellt. Die Hauptwirkungsrichtung dieser kleinen Blume ist die glatte Muskulatur der Blutgefäße, wo Venenstaus hervorgerufen werden. Sämtliche Muskeln im Körper werden schwer wie Blei, was zu einem schleppenden, offenbar sehr schmerzhaften Gang führt. Dieses Mittel unterstützt die Regeneration von Gewebe nach Schnittverletzungen oder Operationen. Generell fallen Verstauchungen und Quetschungen in seinen Wirkungsbereich. Man sollte *Bellis* als ein ideales Zusatzmittel (Adjuvans) bei der Behandlung mit *Arnica* verwenden. Unmittelbar nach der Geburt verabreicht, beschleunigt die Arznei die Auflösung des überdehnten, eventuell gequetschten Gewebes, sie bewirkt außerdem, daß das Gewebe im Beckenbereich innerhalb kürzester Zeit wieder straff wird.

Berberis vulgaris Berberitze, Sauerdorn, Familie Berberidaceae (Sauerdorngewächse)

Die ∅ wird aus der Rinde der Wurzel zubereitet. Dieser weitverbreitete Zierstrauch hat eine hohe Affinität zu den meisten Gewebstypen. Die durch *Berberis* hervorgerufenen Symptome neigen zu gewaltigen Schwankungen: Fieber mit starkem Durst kann beispielsweise rasch mit Kraftlosigkeit ohne jedes Durstgefühl abwechseln. Die Berberitze wirkt sich sehr stark auf das Venensystem aus und ruft besonders Stauungen in den Beckengefäßen hervor. In den Wirkungsbereich dieses Mittels fallen hauptsächlich Krankheiten an Leber und Niere, z. B. katarrhalische Entzündungen der Gallengänge und des Nierenbeckens. Häufig stellen sich zusätzlich zu diesen Erkrankungen noch Gelbsucht, Hämaturie (blutiger Harn) und Zystitis (Harnblasenentzündung) ein. Alle diese Leiden werden von einem Schwächegefühl im Kreuzbeinbereich und von Druckschmerzen in der Lendengegend begleitet.

Beryllium Metallisches Beryllium

Durch Verreibung des Metalls und anschließende Auflösung in Alkohol wird die Urtinktur gewonnen, aus der dann die Potenzen zubereitet werden. Diese Arznei wird hauptsächlich bei Atemwegserkrankungen verwendet, deren Symptom eine erschwerte Atmung nach geringer Belastung ist und die in keinem Verhältnis zu den klinischen Befunden stehen. Gewöhnliche Begleiterscheinungen sind Husten und Emphyseme. *Beryllium* ist eine hilfreiche Arznei bei virusbedingter Lungenentzündung (akut und chronisch). Cha-rakteristisch ist, daß sich beim ruhenden Tier kaum Symptome zeigen, sondern erst während der Bewegung deutlich werden. Seine Tiefenwirkung ist sehr groß; deswegen sollten keine Potenzen unter D30 verwendet werden.

Borax (syn. *Natrium boracicum*)

Die Potenzen werden durch Verreibung des Salzes hergestellt, das in destilliertem Wasser aufgelöst wurde. Dieses Salz ruft eine Reizung des Magen-Darm-Traktes hervor, begleitet von vermehrtem Speichelfluß und Geschwürbildung im Maul. Die besondere Wirkung dieser Substanz auf die Schleimhautepithelien von Maul, Zunge und Wangen legen ihren Verwendungsbereich als Medizin fest: *Borax* wird beispielsweise bei Entzündungen der Maulhöhle (Stomatitis) mit Bläschenbildung verwendet, aber auch bei verwandten Krankheiten (Schleimhauterkrankungen).

Bothrops lanceolatus Südamerikanische Lanzenschlange, Familie Crotalidae (Grubenottern)

Die Potenzen werden aus einer Lösung des Schlangengifts hergestellt, das in Glyzerin (Glyzerol) aufgenommen wurde. Dem Arzneimittelbild dieses Giftes sind Blutungen und anschließende rasche Blutgerinnung (Koagulation) zugeordnet. In der Regel findet auch eine Sepsis (Blutvergiftung) statt. Daher bietet sich die Arznei bei allen septischen Erkrankungen mit starken Blutungen an. Auch Hautgeschwüre (Gangräne) können auf *Bothrops* ansprechen.

Bromum   Brom

Die Potenzen werden aus einer Salzlösung in destilliertem Wasser angefertigt. In der Asche von verbranntem Seetang findet sich neben Jod auch Brom (als Spurenelement); außerdem ist Brom in Seewasser enthalten. Ihre Hauptwirkung entfaltet die Droge bei den Schleimhäuten der Atemwege, insbesondere im oberen Bereich der Luftröhre, wo sie Kehlkopfkrämpfe auslösen kann. *Bromum* hilft gut gegen kruppösen Husten, begleitet von Rasseln und Schleimbildung. Das Mittel kann eventuell auch bei Erkrankungen verwendet werden, die durch allzu ausgedehnte Hitzeeinwirkung entstehen.

Bryonia alba   Zaunrübe, Familie Cucurbitaceae (Kürbisgewächse)

Die ∅ wird aus der Wurzel hergestellt, bevor die Pflanze geblüht hat. Die Zaunrübe bildet ein Glukosid, das sehr stark abführend wirkt. Die Pflanze selbst wirkt hauptsächlich auf Epithelgewebe sowie auf Membrane, die Serum und Gelenkschmiere absondern. Einige Schleimhautoberflächen sind ebenfalls betroffen und reagieren mit Entzündungen, in deren Verlauf Fasergewebe abgestoßen und Serum abgesondert wird. Hierdurch wird das erkrankte Gewebe trocken, und es kann später zu Gelenksergüssen in Synovialhohlräume (Hohlräume mit Gelenkschmiere) kommen. Die Bewegung aller Körperteile ist gestört, und daraus leitet sich auch das entscheidende Kriterium für die Auswahl dieses Mittels ab: Durch Bewegung werden alle Symptome verschlimmert. Daher verhält sich das kranke Tier am liebsten völlig ruhig. Druck auf die erkrankten Stellen bringt dem Tier Linderung. *Bryonia* kann auch bei der Behandlung zahlreicher Atemwegserkrankungen sehr hilfreich sein, insbesondere bei Rippenfellentzündung (Pleuritis) – vorausgesetzt natürlich, daß die oben geschilderten Symptome beobachtet werden.

Bufo rana   (auch: *Bufo bufo*)
Erdkröte, Familie Bufonidae (Echte Kröten)

Die Lösung aus dem Krötengift ist die Grundlage der ∅. Die Droge wird bei Erregungszuständen des Gehirns eingesetzt; diese können manchmal in einen epileptischen Anfall übergehen. Auch können sich generell Ödeme bilden. *Bufo* wird in manchen Fällen von übersteigertem Sexualtrieb, insbesondere bei männlichen Tieren, verwendet.

Cactus grandiflorus
(syn. *Cereus grandiflorus*) Königin der Nacht. Familie Cactaceae (Kakteengewächse)

Die ∅ wird aus den Blüten und den jungen Sprossen bereitet. Der Wirkstoff dieser Pflanze (Cactin) beeinflußt die Herz- und Gefäßmuskulatur und hat eine hohe Affinität zum Blutkreislauf. Die Verwendung des Mittels beschränkt sich auf Erkrankungen der Herzklappen, es kann aber auch bei einigen Störungen mit Neigung zu Blutungen eingesetzt werden.

Calcium carbonicum
Hahnemanni Austernschalenkalk

Verriebenes Salz wird in Alkohol oder schwacher Säure gelöst; aus dieser Lösung werden anschließend die Potenzen bereitet. Die Ausgangssubstanz stammt aus der mittleren Schicht der Austernschale. Austernschalenkalk ruft Spannkraftabfall und Muskelschwäche hervor, begleitet von Muskelkrämpfen. Diese können sowohl bei quergestreiften (Skelettmuskulatur) wie glatten Muskeln (Eingeweidemuskulatur) auftreten. Kalzium wird rasch vom Körper ausgeschieden (und aufgenommen), die Kalziumaufnahme bietet aber keinen ausreichenden Schutz vor Krankheiten, bei denen Kalzium in homöopathisch aufbereiteter Form erforderlich wäre. Diese Arznei ist ein sehr starkes Konstitutionsmittel und verursacht Fehlernährung. Tiere, die gerne Fremdkörper verschlingen, brauchen sie. Sie ist auch ein sehr wertvolles Mittel gegen Skelettmißbildungen bei Jungtieren sowie gegen Knochenerweichung (Osteomalazie) bei älteren Tieren.

Calcium fluoricum (syn.
Calcium fluoratum) Flußspat

Die Potenzen werden aus einer Verreibung des Salzes bereitet, das anschließend in destilliertem Wasser aufgelöst wird. Flußspatkristalle findet man in den Haversschen Kanälen (im Knochen). Hierdurch kommt die Knochenhärte zustande; wird jedoch zuviel Flußspat gebildet, dann werden die Knochen brüchig. Flußspat ist auch im Zahnschmelz und in der obersten Hautschicht (Epidermis) vorhanden. Aufgrund der Affinität zu all diesen Gewebstypen können sich Knochenauswuchs (Exostosen) und Drüsenvergrößerungen bilden. Außerdem ist *Calcium fluoricum* ein sehr effektives Gefäßmittel. Diese Arznei wird hauptsächlich bei Knochenverletzungen, insbesondere bei Knochenauswuchs eingesetzt. Aber auch Strahlenpilzkrankheiten (Aktinomykosen) werden durch dieses Mittel geheilt.

Calcium jodicum Kalziumjodid

Die ∅ ist eine Salzlösung in destilliertem Wasser. Dieses Mittel wird gegen verhärtetes Gewebe eingesetzt, insbesondere bei Drüsen und Mandeln. Gelegentlich werden auch die Schilddrüse und die Thymusdrüse angegriffen.

Calcium phosphoricum
Kalziumphosphat

Die Potenzen werden aus einer Verreibung und anschließender Verdünnung bereitet, wobei verdünnte Phosphorsäure zu Kalkwasser (wäßrige Kalziumhydroxid-Lösung) gegeben wird. Das Salz besitzt eine hohe Affinität zu Gewebstypen, die bei Wachstum und Wiederherstellung von Zellen beteiligt sind. Aufgrund von Fehlernährung und Wachstumsverzögerung läuft die Assimilation (stoffliche Umsetzung) nur unter Schwierigkeiten ab. Recht häufig findet man bei den Tieren brüchige Knochen. *Calcium phosphoricum* kann sehr gut Schäden am Bewegungsapparat (Muskeln, Skelett) von jungen Zuchttieren beheben.

Calculi renalis phosphorici
Calculi renalis urici Grieß von Nierensteinen und Harnsteinen

Diese beiden Substanzen sind bei Lithiasis (Steinleiden) angezeigt, die durch (bereits) vorhandene Nierensteine bzw. Harnsteine hervorgerufen werden. Sie unterstützen die Wirkung von *Berberis*, *Hydrangea* und *Capsella* und können parallel zu diesen genannten Arzneien verwendet werden.

Calendula officinalis
Ringelblume, Familie Asteraceae (Korbblütler)

Die Ø wird aus Blättern und Blüten hergestellt. Wer *Calendula* bei offenen Wunden und Geschwüren, die nicht schmerzen, örtlich anwendet, wird feststellen, daß die Ringelblume eines der zuverlässigsten Heilmittel in der Homöopathie ist. Unter dieser Behandlung wird das (narbige) Gewebe sehr rasch aufgelöst und der Heilprozeß durch Bildung gesunder Wucherungen beschleunigt. *Calendula* sollte als 1 : 10-Verdünnung (mit warmem Wasser) angewandt werden. Sehr gut lassen sich damit auch Prellungen im Augenbereich behandeln. In der Kombination mit *Hypericum* kann man diese Arznei bei offenen Wunden mit Nervenschädigungen einsetzen.

* Calici-Virus
Die Nosode dieses Virus, das zur Gruppe der RNS-Retroviren gehört, kann entweder für sich allein oder zusammen mit anderen Viren verwendet werden, um Zahnfleischentzündung (Gingivitis) und Atemwegserkrankungen zu behandeln – vorausgesetzt natürlich, daß diese Viruskrankheit daran beteiligt ist.

Camphora (= *Cinnamon camphora*) Kampfer (Kampferbaum), Familie Lauraceae (Lorbeerbaumgewächse)

Die Potenzen werden aus Lösung (Harz in absolutem Alkohol) hergestellt. Kampfer ruft einen Kollaps mit Schwäche und abfallendem Puls hervor. Der gesamte Körper ist eiskalt. Zu Muskeln und Faszien (Muskelhüllen) besteht eine ausgeprägte Affinität. *Camphora* kann bei jedem Darmkatarrh (Enteritis) mit Erschöpfungs- und Kollapssymptomen, aber auch bei Salmonellenerkrankungen gegeben werden.

Cannabis sativa Kulturhanf, Familie Moraceae (Maulbeerbaumgewächse)

Die Ø wird aus den Blütenspitzen der Pflanze hergestellt. Die Hauptwirkungsrichtung sind der Urogenitaltrakt (Harnwege und Geschlechtsorgane) und der Atemwegsbereich; die hervorgerufenen Krankheiten sind von starken Erschöpfungszuständen begleitet. Häufig kommt es zu Entzündungen der Lungen und des Herzbeutels (Perikarditis), auch wird der Urin oft zurückgehalten. In diesem Fall entsteht als Folge leicht eine Harnblasenentzündung (Zystitis) mit schaumigem, blutgesprenkeltem Harn.

Cantharis (= *Lytta vesicatoria*)
Spanische Fliege, Familie Meloidae
(Ölkafer)

Die Urtinktur wird durch Verreibung des Insekts hergestellt, das anschließend in Alkohol aufgenommen wird. Die in diesem Käfer enthaltenen Giftstoffe befallen insbesondere Harnwege und Geschlechtsorgane (Urogenitaltrakt), wo sie ausgeprägte Entzündungen hervorrufen. In gleichem Maß ist auch die Haut betroffen, wo sich ein starker Ausschlag mit Bläschen bildet, der von heftigem Juckreiz begleitet ist. *Cantharis* ist ein sehr gutes Mittel bei Entzündungen von Niere und Harnblase. Typische Begleitsymptome sind ein heftiger Drang zum Wasserlassen und ein meist blutiger Urin. Bestimmte Entzündungen nach der Geburt sowie brennende Ekzeme mit Bläschen sind ebenfalls Erkrankungen, bei denen *Cantharis* angezeigt ist.

Capsella bursa-pastoris (syn. *Thlaspi bursa pastoris*) Hirtentäschel, Familie Brassicaceae (Kreuzblütler)

Frisch gepflückte Pflanzen bilden die Grundlage für die ∅. Diese Pflanze ruft Blutungen und eine Veranlagung zur Harnsäurebildung hervor. Nach Gabe dieser Droge kann die Gebärmutter geronnene Blutklumpen leichter abstoßen; daher ist dieses Arzneimittel nach einer Fehlgeburt angebracht. Auffallend ist häufiges Wasserlassen, der Urin ist schwer, trüb und enthält ein rötliches Sediment. Oft ist auch die Blase entzündet, und der Urin kann in diesem Fall blutig sein.

Carbo vegetabilis   Holzkohle

Die Potenzen werden durch Verreibung und anschließendes Auflösen in Alkohol hergestellt. Verschiedene Gewebstypen des Körpers besitzen eine starke Affinität zu dieser Substanz, insbesondere der Blutkreislauf. Dies kann zu mangelnder Sauerstoffversorgung und einem dementsprechend hohen Kohlendioxidgehalt in Blut und Gewebe führen. Daraus resultieren wiederum eine geringere Immunität sowie Hämorrhagien (Blutungen) von dunklem Blut, das nur schwer gerinnt. Zusätzlich ist auch die Körperoberfläche eiskalt. Potenzierte *Carbo vegetabilis* hilft gut bei allen Formen von Kollaps. Auch gegen Stauungslunge ist dieses Mittel gut, und bei schwachem Kreislauf bringt es Kraft und Wärme zurück. Die Arznei hat einen größeren Einfluß auf die Venen- als auf den Arterienkreislauf und ist sehr hilfreich bei Blutungen, die auf einer trägen Pfortadertätigkeit beruhen.

* Cancerinum (syn. *Carcinominum*) Carcinosin-Extrakt

Die Nosode wird aus Karzinomen hergestellt. Das Mittel kann u. a. bei fiebriger Drüsenvergrößerung sehr hilfreich sein.

Carduus marianus (syn. *Silybium marianum*) Mariendistel, Familie Asteraceae (Korbblütler)

Eine Verreibung der getrockneten Samen, die anschließend in Alkohol aufgelöst werden, bildet die Grundlage dieser Arznei. Das Mittel ist bei Beschwerden angezeigt, die durch eine mangelhaft funktionierende Leber hervorgerufen werden. Sehr gut sprechen daher Leberzirrhosen, die von Aszites (Bauchwassersucht) begleitet werden, auf die Behandlung an.

Caulophyllum (= *Caulophyllum thalictroides*) Frauenwurz, Familie Berberidaceae (Sauerdorngewächse)

Die ∅ wird aus verriebener Rinde hergestellt, die anschließend in Alkohol aufgelöst wird. Diese Pflanze ruft Erkrankungen der weiblichen Geschlechtsorgane hervor. Der Muttermund (Os uteri) kann außerordentlich steif werden, wodurch sich Komplikationen bei der Geburt ergeben. Bedingt durch eine schwache Gebärmutter können Frühgeburten eintreten; Begleitsymptome sind Fieber und Durst. Häufig wird die Nachgeburt (Plazenta) zurückgehalten, und es treten Uterusblutungen auf. In potenzierter Form erleichtert *Caulophyllum* Wehenschmerzen und kann anstelle von Pituitin-Injektionen (Hormon des Hypophysenhinterlappens) verwendet werden, sobald der Muttermund geöffnet ist. Ein hilfreiches Mittel, wenn beispielsweise die Gebärmutter verdreht ist (Descensus uteri). Bei derartigen Fällen sollte die Arznei häufiger (drei bis vier Gaben) gegeben werden, z.B. in stündlichem Abstand. Bei Tieren, die bereits Fehlgeburten hatten, gewährleistet das Mittel einen normalen Schwangerschaftsverlauf, während man es nach der Geburt im Falle einer zurückgehaltenen Plazenta einsetzen kann.

Causticum Hahnemanni
Ätzstoff

Diese Substanz wird hergestellt, indem man gleiche Teile Löschkalk und Kaliumhydrogensulfat mischt und anschließend destilliert. Die Arznei hat eine hohe Affinität zu Nerven und Muskulatur und ruft bei beiden Muskeltypen (glatte und quergestreifte Muskulatur) Schwäche und Lähmung hervor. Die Symptome verschlechtern sich, wenn sich das Tier aus einer kalten in eine warme Umgebung begibt. Wenn ältere Tiere an Bronchitis leiden, kann *Causticum* verwendet werden, ebenso bei Tieren mit kleinen, breit aufsitzenden Warzen. Das Mittel wirkt offenbar auch als Gegengift bei Bleivergiftung und kann daher als unterstützende Arznei zu Kalzium-Versenat-Injektionen gegeben werden.

Ceanothus americanus Säckelblume, Familie Rhamnaceae (Kreuzdorngewächse)

Eine Tinktur aus frisch gepflückten Blättern bildet die ∅. In ihrer Wirkungsbereich fallen Erkrankungen der Milz. Druckschmerzen im Milzbereich sind besonders auffällig. Bei weiblichen Tieren tritt eine weißliche Scheidenabsonderung auf. *Ceanothus* wird bei allen Krankheiten eingesetzt, die auf eine Beteiligung der Milz schließen lassen.

Chelidonium (= *Chelidonium majus*) Schöllkraut, Familie Papaveraceae (Mohngewächse)

Die ∅ wird aus der ganzen, frisch gepflückten Pflanze hergestellt, die kurz vor der Blüte steht. Diese Pflanze besitzt eine besondere Wirkung auf die Leber. Das Tier ist allgemein lethargisch und fühlt sich unwohl. Die Zunge ist mit einem schmutziggelben Belag bedeckt, und auch an anderen sichtbaren Schleimhäuten finden sich Gelbsuchtsymptome. Die Funktion der Leber ist ständig gestört, und der Kot hat eine lehmige Farbe. Aufgrund seiner ausgeprägten Wirkung auf die Leber sollte *Chelidonium* eingesetzt werden, wenn Beschwerden infolge einer träge arbeitenden Leber behandelt werden müssen. Das Mittel ist auch geeignet, wenn das Tier empfindlich gegen Licht ist und gleichzeitig Gelbsuchtsymptome aufweist.

Chimaphila umbellata (syn. *Pyrola umbellata*) Walddolde, Winterlieb, Familie Pyrolaceae (Wintergrüngewächse)

Die ∅ wird aus der frisch gepflückten Pflanze hergestellt. Der Wirkstoff dieser Pflanze wirkt sich intensiv auf die Nieren sowie die männlichen und weiblichen Geschlechtsorgane aus. Im Auge kann grauer Star entstehen. Der Urin ist schaumig und enthält Blutspuren. Die Prostata kann sich vergrößern, und bei weiblichen Tieren wurden Atrophien (Verkümmerungen) und Tumoren am Gesäuge beobachtet.

China (syn. *Cinchona succiruba*) Chinarindenbaum, Familie Rubiaceae (Rötegewächse)

Die Urtinktur (∅) wird aus der verriebenen getrockneten Baumrinde hergestellt, die anschließend in Alkohol aufgelöst wird. Aus der China-rinde wird das Chinin gewonnen. In großen Gaben entstehen Vergiftungserscheinungen, z. B. nervöse Überempfindlichkeit, verminderte Bildung von weißen Blutkörperchen (Leukozyten), Blutungen, Fieber und Durchfall. Infolge des Verlustes von Körperflüssigkeiten ist das Tier stark geschwächt. *China* sollte zur Behandlung genau dieser Fälle in Erwägung gezogen werden, d. h. nach Schwäche- und Erschöpfungszuständen infolge hohen Flüssigkeitsverlustes (z. B. nach schwerem Durchfall oder starken Blutungen).

Chininum sulfuricum
Chininsulfat

Die ∅ entsteht durch Verreibung des Salzes, das in Alkohol aufgelöst wird. Die Wirkweise dieser Substanz ähnelt der von *China*. Dieses Mittel ist bei Schwächezuständen nach starkem Flüssigkeitsverlust hilfreich. *Chininum sulfuricum* ruft im Ohr lokalen Schmerz und übermäßige Bildung von Ohrenschmalz hervor. Krankheiten, die mit diesem Mittel behandelt werden, tauchen oft nach scheinbarem oder sichtbaren Nachlassen der Symptome (Remission) wieder auf. Eine Sepsis nach Bißwunden oder Verletzungen spricht meist gut auf diese Arznei an. Sie verringert auch das Risiko, daß eine künftige Sepsis infolge nekrotischen Gewebes entsteht.

Chionanthus virginica
Schneeflockenbaum, Giftesche, Familie Oleaceae (Ölbaumgewächse)

Die Potenzen stammen von einer Tinktur aus der Rinde. Dieses Arzneimittel ist bei träger Leberfunktion mit beginnender Zirrhose angezeigt. Dieses Leberleiden ist von einem allgemeinen Konditionsverlust und in Extremfällen von Abmagerung begleitet. Der Kot hat eine lehmige Farbe, der Urin ist dunkel verfärbt. Außerdem zeigt das Tier Gelbsuchtsymptome.

* Chlamydia

Diese Nosode wird nur bei Katzen eingesetzt und beugt bei jungen Katzen einer Infektion mit *Chlamydia* vor. Ebenso können damit auch Kätzchen behandelt werden, deren Augen verklebt sind.

Cicuta virosa Wasserschierling, Familie Apiaceae (Doldengewächse)

Die Ø wird aus der Wurzel einer blühenden Pflanze hergestellt. Hauptsächlich wird das zentrale Nervensystem von dieser Pflanze betroffen, wo krampfartige Erkrankungen hervorgerufen werden. Als ein typisches Symptom hält das Tier den Kopf oder den Hals nach einer Seite geneigt. Gleichzeitig ist es sehr aggressiv. Die Symptome verschlimmern sich, wenn das Tier erschreckt wird, z. B. durch hastige Bewegungen. Der Gleichgewichtssinn ist gestört, es fällt des öfteren auf die Seite, wobei Kopf und Rückgrat nach hinten gebogen sind. Bei mehreren unterschiedlichen Erkrankungen an Gehirn und Wirbelsäule wird dieses Mittel eingesetzt, z. B. bei Nekrosen der Hirnrinde sowie bei Milchfieber; allerdings muß als weiteres Symptom der Hals in typischer Weise seitlich gekrümmt sein.

Cineraria maritima

Aschenpflanze, Familie Asteraceae (Korbblütler)

Die Ø wird aus der gesamten frisch gepflückten Pflanze bereitet. Der Wirkstoff wird hauptsächlich zur äußerlichen Behandlung von Augenleiden eingesetzt. Die Urtinktur sollte 1 : 10 verdünnt werden.

Cinnabaris Zinnober

Die Hauptwirkungsrichtung dieser Verbindung ist der Urogenitaltrakt (Harnwege und Geschlechtsorgane), wo Erkrankungen wie Albuminurie (Eiweißausscheidung im Urin) und Eichelentzündung (Balanitis) hervorgerufen werden. In der Leistengegend können sich Warzen bilden. Häufig treten auch Augenleiden auf, z. B. eitrige Entzündungen von Lidern und Augen. Manchmal ist auch das Ohr betroffen, das dann von einem Juckreiz befallen ist, begleitet von Schorfbildung an der Ohrmuschel (Aurikel). *Cinnabaris* wird hauptsächlich dann in der Praxis eingesetzt, wenn andere quecksilberhaltige Mittel keine zufriedenstellenden Ergebnisse erzielt haben.

Cobaltum metallicum Kobalt

Bei Kobaltmangel wird dieses Mittel hauptsächlich in der Potenz D30 verabreicht, was nach mehreren Wochen zu guten Ergebnissen führt.

Cocculus (= *Anamirta cocculus*)

Scheinmirte, Familie Menispermaceae (Mondsamengewächse)

Die Urtinktur wird aus dem pulverisierten Samen (den Kockelskörnern)

hergestellt, die das Alkaloid Pikroto-
xin enthalten. Der Wirkstoff ruft
Krämpfe und Lähmungserscheinungen hervor, die vom Großhirn, aber
nicht von der Wirbelsäule ausgehen.
Das Tier muß sich häufig erbrechen,
da die Droge auf den Hirnbereich
wirkt, der den Brechreiz auslöst. Der
Brechreiz hängt auch von der Bewegung ab, so daß das Mittel bei Reise-
krankheit verwendet wird, wenn
gleichzeitig die übrigen Symptome
vorhanden sind.

Coccus cacti (syn. *Dactylopius coccus*) Cochenille-Schildlaus, Kaktusschildlaus, Familie Coccina (Schildläuse)

Die Ø wird aus den getrockneten
Körpern der weiblichen Schildläuse
bereitet. Diese Substanz hat eine Affinität zu Schleimhäuten, wo sie katarrhartige Entzündungen hervorruft. Ein zähklebriger Schleim sammelt sich in den Luftwegen an, was
zu erschwerter Atmung und Krampfhusten führt. Häufig treten Beschwerden beim Wasserlassen auf,
der Urin fließt spärlich und bildet ein
rötliches Sediment, wenn man ihn
stehen läßt. *Coccus* wird hauptsächlich bei Erkrankungen von Luft- und
Harnwegen verwendet.

Colchicum autumnale
Herbstzeitlose, Familie Liliaceae
(Liliengewächse)

Die Ø wird aus der Wurzelknolle
hergestellt. Diese Pflanze wirkt auf
Muskelgewebe, Knochenhaut und
Gelenkmembrane. Außerdem wirkt
sie anti-allergisch und entzündungs-
hemmend, was mit den natürlichen

Regenerationskräften des Körpers
kollidieren kann. *Colchicum* wird
meist bei akuten und schweren
Krankheiten gegeben, die häufig von
Ergüssen in kleinen Gelenken begleitet sind. Besonders geschätzt
wird diese Arznei bei der Behandlung von Blähegefühlen; dabei muß
sie allerdings in kurzen Abständen
wiederholt eingenommen werden.
Auch Durchfall und Darmgrippe, die
im Herbst auftreten, können hiermit
behandelt werden, bei der Darmgrippe sollten aber auch Abdominal-
schall und schmerzhafter Stuhldrang
vorhanden sein. Als typisches Zeichen verweigert das Tier die Nahrung, die Beschwerden nehmen
durch Bewegung zu.

* Colibacillinum

Escherischia coli (= *E. coli*) ist ein
Darmbakterium, das eine wichtige
Rolle bei der Verdauung spielt. Als
Arzneimittel findet diese Nosode bei
Darmerkrankungen Verwendung,
z. B. bei ruhrähnlichem Durchfall,
nachdem ein junges Tier eine Streß-
situation mitgemacht hat, oder wenn
die Darmflora aus dem Gleichgewicht geraten ist. *Colibacillinum*-
Nosoden und das entsprechende
Oral-Vakzin werden aus verschiedenen *E. coli*-Stämmen hergestellt. In
der Praxis stellte sich heraus, daß
derjenige Stamm die häufigsten Erfolge zeigte, der ursprünglich aus
Menschen stammt. Sowohl Vorbeugung als auch Behandlung einer Co-
libazillose (Massenbefall mit *E. coli*)
fallen in den Anwendungsbereich
dieser Nosode. Sie kann aber auch
bei einer Sonderform der Mastitis

(Entzündung des Gesäuges) angewendet werden, bei der eine Infektion mit *E. coli* auftritt.

Colocynthis (= *Citrullus colocynthis*) Koloquinte, Bittergurke, Familie Cucurbitaceae (Kürbisgewächse)

Die Ø wird aus Früchten hergestellt, die das Glykosid Colocynthin enthalten. Diese Pflanze hat stark abführende Wirkung und verursacht starke Entzündungsläsionen im Magen-Darm-Trakt. Die Symptome verschwinden ebenso abrupt, wie sie gekommen sind. Der Durchfallkot ist gelblich und wird mit großer Gewalt ausgestoßen. Das Tier empfindet durch Bewegung Linderung. Die Symptome verschlimmern sich, wenn es gefressen oder gesoffen hat.

Condurango (= *Marsdenia condurango*) Kondurangobaum, Familie Asclepiadaceae (Schwalbwurzgewächse)

Die Ø wird aus der Rinde bereitet. Der Kondurangobaum produziert ein Glykosid, Condurangin, das seine Wirkung im Nervensystem entfaltet. Als Folge bewegt sich das Tier mit gestelztem Gang. Das Mittel kann sich auch auf die Verfassung des Tieres niederschlagen und sein gesamtes Wohlbefinden verbessern. Etwas spezifischer wirkt *Condurango* auf Epithelgewebe, das hierdurch verhärtet; eventuell können Tumoren entstehen. Als ein sicheres Symptom gelten Risse am Maul. Das Mittel wird in erster Linie verwendet, um Krebsgeschwüre im Anfangsstadium zu bekämpfen, vor allem im Bauchbereich.

Conium maculatum Gefleckter Schierling, Familie Apiaceae (Doldengewächse)

Die Urtinktur wird aus der frisch gepflückten Pflanze hergestellt. Das Alkaloid dieser Pflanze (Coniin) lähmt die Ganglien (Nervenknoten), vor allem die motorischen Nervenendungen (Übergang vom Nerv zur Muskelfaser). Hieraus resultieren steife Glieder und Lähmungserscheinungen, die im Körper vorwärts und rückwarts wandern. Mit *Conium* können paraplegische Erkrankungen (Lähmung zweier symmetrischer Körperteile) sowie geschwächte Hinterbeine sehr gut behandelt werden.

Convallaria majalis Maiglöckchen, Familie Liliaceae (Liliengewächse)

Die Ø wird aus der frisch gepflückten Pflanze gewonnen. Ihr Wirkstoff kann die Schlagkraft des Herzens verbessern. Deswegen wird das Mittel bei Stauungsbeschwerden des Herzens verwendet. Sein Einfluß auf den Herzmuskel ist schwach, es wird hauptsächlich bei Erkrankungen der Herzklappen genommen.

Copaiva Kopaiba oder Perubalsam (aus *Myroxylon pereirae*, Perubalsambaum), Familie Fabaceae (Schmetterlingsblütler)

Die Ø wird aus dem Balsam hergestellt. Diese Substanz hat eine starke Wirkung auf Schleimhäute, besonders die der Luft- und Harnwege, wo *Copaiva* katarrhartige Entzündungen hervorruft. Daher kann man mit Perubalsam Entzündungen von Harnröhre und Harnblase gut behandeln. Auch Pyelonephritis (Entzündung des Nierenbeckens) ist ein häufiges Leiden, dem durch diese Arznei abgeholfen werden kann.

Cortisonum   Kortison

Potenzen dieses Steroids werden in der Praxis eingesetzt, um die Nebenwirkungen zu bekämpfen, die durch die übermäßige Verschreibung der Grundsubstanz (Kortison) auftreten; vielfach reicht neben entschlackenden Arzneien wie *Nux vomica* und *Thuja* bereits eine einmalige Dosis *Cortisonum* D200 aus. In niedrigeren Potenzen (D12 bis D30) hilft das Mittel bei Hauterkrankungen, die durch trockene Haut, Rötungen und starken Juckreiz gekennzeichnet sind.

Crataegus   (= *Crataegus oxyacantha*) Gemeiner Weißdorn, Familie Rosaceae (Rosengewächse)

Die ∅ wird aus reifen Früchten hergestellt. Der Wirkstoff senkt den Blutdruck und verursacht Lufthunger. Das Mittel wirkt auf den Herzmuskel, es läßt ihn schneller und kräftiger kontrahieren. Dieser spezielle Effekt auf den Herzmuskel macht *Crataegus* zu einem idealen Mittel bei Herzrhythmusstörungen (Arrhythmie).

Crotalus horridus   Nordamerikanische Klapperschlange, Familie Crotalidae (Grubenottern)

Die ∅ wird bereitet, indem man das Gift mit Milchzucker (Laktose) verreibt und anschließend mit Glyzerin (Glyzerol) verdünnt. Die starke Wirkung dieses Giftes auf das Gefäßsystem macht es zu einem sehr dienlichen Mittel bei der Behandlung schwacher Sepsen innerhalb des Blutkreislaufs (beispielsweise bei »Kindbettfieber« und Wundinfektionen). Als Begleiterscheinung tritt Blut aus allen Körperöffnungen aus, und meist schließt sich eine Gelbsucht an. Das Mittel sollte bei Schlangenbissen sowie *gegen Vergiftungen helfen, die durch den Verzehr von giftigen Pflanzen hervorgerufen wurden.*

Croton tiglium   Purgierbaum, Familie Euphorbiaceae (Wolfsmilchgewächse)

Die ∅ wird aus dem Öl hergestellt, das aus den Samen gewonnen wird. Das Öl verursacht heftigen Durchfall und Hautausschlag (Effloreszenz), der sich unter Bläschenbildung leicht entzündet. *Croton* ist sehr wirksam gegen Durchfall. Gewöhnlich findet man als Begleitsymptom heftigen Drang zum Stuhlgang, der meist wäßrig ist.

* Cryptococcus

Potenzen dieser Nosode werden wie die *Chlamydia*- und die *Calici-Virus*-Nosode verwendet und können mit diesen kombiniert werden, wenn eine Mehrfachinfektion vorliegt.

Cubeba officinalis (= *Piper cubeba*) Kubebenpfeffer, Familie Piperaceae (Pfeffergewächse)

Die Ø wird aus den getrockneten, unreifen Früchten hergestellt. Der Wirkstoff besitzt einen starken Einfluß auf Schleimhäute, bei denen katarrhartige Entzündungen auftreten. Besonders anfällig sind diejenigen im Urogenitaltrakt (Harnwege und Geschlechtsorgane). Der Urin wird trüb und enthält große Mengen an ausgeschiedenen Proteinen (Eiweiß).

Cuprum aceticum
Kupferacetat

Die Potenzen werden aus einer Salzlösung in destilliertem Wasser bereitet. Das Salz ruft Muskelkrämpfe und andere Spasmen (Krämpfe) sowie Lähmungserscheinungen hervor. Kupferarsenat *(Cuprum arsenicicum)* und das Metall selbst *(Cuprum metallicum)* werden in gleicher Weise verwendet.

Cuprum metallicum
Kupfermetall

Die Ø wird durch Verreibung des Metalls hergestellt. Die Symptome, die dieses Metall hervorruft, sind heftige Krämpfe und Schmerzanfälle, die keinem erkennbaren Muster folgen. Die Muskeln kontrahieren und verdrehen sich. Im zentralen Nervensystem können Anfälle und Krämpfe auftreten, die epileptische Züge annehmen. Der Kopf wird auf eine Seite gedreht.

Curare Kurare, Indianerpfeilgift (aus *Strychnos toxifera*), Familie Loganiaceae (Loganiengewächse)

Die Urtinktur wird durch Verdünnung mit Alkohol bereitet. Das Gift ruft Muskellähmungen hervor, ohne Sinnesempfindung oder Bewußtsein zu beeinträchtigen. Die Reflexe sind geschwächt, es setzt eine motorische Lähmung ein. *Curare* reduziert den Adrenalinausstoß und bewirkt eine Nervenschwäche.

Damiana (= *Turnera aphrodisiaca*) Damiana, Familie Turneraceae

Der Wirkstoff dieser Pflanze hat eine hohe Affinität zu den Geschlechtsorganen. *Damiana* wird beim männlichen Tier zur Steigerung der Libido eingesetzt. Trotz unterschiedlicher Resultate sollte man diese Arznei als ein mögliches Heilmittel bedenken.

Digitalis purpurea Roter Fingerhut, Familie Scrophulariaceae (Braunwurzgewächse)

Die Ø wird aus den Blättern hergestellt. Der Wirkstoff des Fingerhuts verlangsamt die Herzaktivität, und der Puls wird schwach und unregelmäßig. *Digitalis* ist ein bekanntes Mittel bei Herzerkrankungen. Mit seiner Hilfe werden der Herzschlag reguliert und der Puls stabilisiert. Als Tiefpotenz gegeben, erhöht das Mittel den Herzausstoß und unterstützt auf diese Weise die Arbeit der Herzklappen. Hierdurch wiederum wird mehr Urin ausgeschieden, so daß Ödeme verhindert werden.

Drosera rotundifolia Rundblättriger Sonnentau, Familie Droseraceae (Sonnentaugewächse)

Die Ø wird aus der frisch gepflückten Pflanze gewonnen. Diese Pflanze wirkt sich auf Lymphsystem, Brustfell (Pleura) und Gelenkhäute aus. Der Kehlkopfbereich wird von Entzündungen befallen, wobei jeder Reiz eine Überreaktion hervorruft.

Dulcamara (= *Solanum dulcamara*) Bittersüßer Nachtschatten, Familie Solanaceae (Nachtschattengewächse)

Die Ø wird aus den Blättern und den jungen, grünen Stengeln vor der Blütezeit hergestellt. Diese Pflanze gehört zur gleichen Familie (Nachtschattengewächse) wie Tollkirsche, Bilsenkraut und Stechapfel. Hohe Affinität besteht zu Schleimhäuten, Drüsen und Nieren, wo die Droge entzündliche Veränderungen und interstitielle Blutungen (d. h. in Organzwischenräume) hervorruft. Diese Arznei begünstigt Erkrankungen bei Tieren, die sich zu lange in Nässe und Kälte aufgehalten haben. Besonders ungünstig sind kühle, feuchte Abende nach einem heißen Tag. Solche Wetterverhältnisse treten vornehmlich im Herbst auf. Deshalb hilft *Dulcamara* auch bei einem solchen »Herbstdurchfall«. Die Arznei hat sich bei der Behandlung von Scherpilzflechten (Trichophytie) gut bewährt und kann auch gegen große fleischige Warzen gegeben werden.

Echinacea angustifolia (syn. *Rudbeckia angustifolia*) Sonnenhut, Igelkopf, Kegelblume, Familie Asteraceae (Korbblütler)

Die Ø wird aus der ganzen Pflanze gewonnen. In den Wirkungsbereich der Kegelblume fallen akute Blutvergiftungen in Verbindung mit Sepsis verschiedener Gewebe. Unmittelbar nach der Entbindung ist *Echinacea* ein hilfreiches Mittel gegen »Kindsbetterkrankungen«, wenn die akute Gefahr einer Sepsis besteht. Das Mittel kommt auch bei allgemeinen septischen Leiden zum Einsatz, die durch infizierte Bißwunden oder Insektenstiche verursacht wurden. *Echinacea* wirkt am besten in dezimalen Tiefpotenzen.

Epigea repens Maiblume, Familie Ericaceae (Heidekrautgewächse)

Die Ø wird aus einer Tinktur der frisch gepflückten Blättern gewonnen. *Epigea* wirkt sich vorzugsweise auf die Harnwege aus, wo ein schmerzhafter Harndrang (Strangurie) sowie Nierensteine hervorgerufen werden. Man sollte sich diese Arznei als ein ideales Mittel merken, um Blasenentzündung (Zystitis) bei Tieren beiderlei Geschlechts sowie Harnsteine in Harnröhre und Blase zu behandeln.

Euphrasia officinalis Augentrost, Familie Scrophulariaceae (Braunwurzgewächse)

Die Ø wird aus der ganzen Pflanze hergestellt. Der Wirkstoff dieser Pflanze beeinflußt hauptsächlich die tränenbildenden Schleimhäute der Augenbindehaut (Konjunktiva). Auch die Hornhaut des Auges (Kornea) ist betroffen, häufig findet man Hornhautflecken (Maculae corneae). Der Augentrost ist – wie der Name schon sagt – eines der besten Mittel bei einer Vielzahl von Augenleiden, hauptsächlich bei Bindehautentzündung (Konjunktivitis) und Ulzerationen der Hornhaut. Neben der äußerlichen Anwendung (in Form einer 1 : 10 verdünnten Lösung) sollte *Euphrasia* zusätzlich auch eingenommen werden.

* FVR-Nosode (Abkürzung für *Feline Viral Rhinotracheitis* = Virusbedingter Katzenschnupfen)

Diese Nosode wird nur bei Katzen eingesetzt. Sie wird aus einem potenzierten Schnupfenvirus (Rhino-Virus) hergestellt, der aus einer an Katzenschnupfen erkrankten Katze stammt. Die Nosode kann vorbeugend und zur Therapie verwendet werden. Als prophylaktisches Mittel kann sie mit anderen Virusnosoden kombiniert werden.

Ferrum jodatum Eisenjodat

Die Potenzen werden durch Verreibung von Kristallen bereitet und anschließend in Alkohol gelöst. Als Arznei ist das Salz von besonderem Interesse bei Eisenmangel, der mit starken Atembeschwerden und heftigem, Blutspuren enthaltenden Schleimfluß einhergeht. Eisenchlorid (*Ferrum sequichloratum*) und das Metall selbst (*Ferrum metallicum*) werden ebenfalls bei Eisenmangel gegeben. *Ferrum metallicum* wird zumeist bei jungen Tieren eingesetzt, während Eisenchlorid eher geeignet ist, wenn zusätzlich Herzsymptome wie ein träger, kleiner Puls vorhanden sind.

Ferrum phosphoricum
Phosphorsaures Eisen

Die Potenzen werden aus einer Lösung in destilliertem Wasser hergestellt. Dem Arzneimittelbild dieses Salzes sind allgemeine fiebrige Erkrankungen zugeordnet. Das Mittel wird häufig in den Frühstadien von Infektionen verwendet, die langsamer fortschreiten als solche, bei denen *Aconitum* gegeben wird. Ausschlaggebend für die Wahl von *Ferrum phosphoricum* sind Halsentzündungen. Wenn bei einer Lungenstauung Blutungen auftauchen, sollte es ebenfalls verabreicht werden.

Ficus religiosa Peepal, Bobaum, Familie Moraceae (Maulbeerbaumgewächse)

Die ∅ wird aus frisch gepflückten Blättern hergestellt, die mit Alkohol extrahiert werden. Blutungen verschiedenster Art werden der toxischen Wirkung von *Ficus religiosa* zugeschrieben. Ein charakteristisches Symptom ist, wenn hellrotes Blut fließt. Das Mittel ist bei einer Infektion mit Kokzidien (einzellige Sporentierchen) sehr hilfreich. Im allgemeinen eignet sich diese Arznei aber besser bei Erkrankungen der Atemwege als bei Magen-Darm-Beschwerden.

* Folliculinum F. L.

Diese Nosode wird aus dem Gelbkörper (Corpus luteum) hergestellt und enthält ein Hormon des Eierstocks (Ovars), das eine heilende Wirkung auf Hauterkrankungen besitzt. Hauptsächlich wird das Mittel bei der Behandlung verschiedener Erkrankungen des Eierstocks verwendet. Die Nosode wird auch bei Frieselausschlag (Ekzema miliare) und Haarausfall (Alopezie) eingesetzt, die bei Tieren beiderlei Geschlechts ausgeprägt sein können. Auch bei Ekzemen, die nicht durch Hormone verursacht werden, kann *Folliculinum* eingesetzt werden, wenn der charakteristische purpurfarbene Ausschlag vorhanden ist.

Formica rufa Rote Waldameise, Familie Formicidae (Ameisen)

Die Tinktur wird aus lebenden Ameisen bereitet. Die in den Tieren enthaltene Ameisensäure ruft rheumatische Schmerzen hervor, begleitet von Ablagerungen in kleinen Gelenken. In schweren Fällen wird gelegentlich die Wirbelsäule befallen, was zu einer vorübergehenden Lähmung führen kann. *Formica* wird in der homöopathischen Veterinärmedizin als Mittel gegen Arthritis (Gelenksentzündung) verwendet, besonders im Bereich der Fußwurzelknochen.

* Gärtnerscher Bazillus (Bach)

Dem Prüfbild dieser Nosode sind Abmagerung und Fehlernährung zugeordnet. Das Tier leidet an chronischer Magen-Darm-Grippe, wird häufig von Würmern befallen und kann außerdem kein Fett verdauen. Diese Nosode wird vornehmlich bei jungen Tieren angewandt, die an Fehlernährung leiden und zudem andere Verdauungsprobleme haben.

Gelsemium sempervirens
Gelber Jasmin, Familie Loganiaceae (Loganiengewächse)

Die ∅ wird aus der Wurzelrinde hergestellt. Diese Pflanze besitzt eine hohe Affinität zum Nervensystem, wo es unterschiedlich starke motorische Lähmungen hervorruft. Jasmin ist ein sehr hilfreiches Mittel gegen Magnesiummangel im Blut (Hypomagnesämie); es hilft dem Tier, sich wieder normal zu bewegen. Eine Einzellähmung unterschiedlicher Nerven, z. B. der Radialnerven, kann mit diesem Mittel ebenfalls gut behandelt werden. *Gelsemium* gibt man bei Krankheiten, die gewöhnlich Schwäche und Muskelzittern nach sich ziehen.

Glonoinum Nitroglyzerin

Die Potenzen werden aus einer Verdünnung mit Alkohol hergestellt. Diese Verbindung hat eine starke Affinität zu Gehirn und Blutkreislauf und ruft unvermittelte, starke Krämpfe hervor. *Glonoinum* kann auch Arterienstau (arterielle Hyperämie) verursachen, was man an klopfenden, pulsierenden Gefäßen unter der Hautoberfläche erkennen kann. Das Mittel ist sehr nützlich bei Erkrankungen des Gehirns, die durch starke Sonneneinstrahlung oder Wärmeeinwirkung hervorgerufen wurden. Die Arznei kann auch bei Krämpfen helfen, die durch Magnesiummangel im Blut bedingt sind.

Graphites (syn. *Carbo mineralis*) Reißblei

Die Potenzen werden aus einer Verreibung hergestellt, die anschließend in Alkohol gelöst wird. Diese Kohlenstoffmodifikation hat eine Affinität zu Haut und Krallen. Sehr häufig kommt es zu Ausschlägen. Aufgrund seiner Wirkung auf das Bindegewebe können Bindegewebserkrankungen hervorgerufen werden, die mit Fehlernährung einhergehen. Bei dem Tier setzt Haarausfall ein, und aus dunkelviolett gefärbten, nässenden Hautausschlägen suppt ein zähflüssiger Ausfluß. Außerdem bilden sich Abschürfungen, die sich zu eventuell eitrigen Geschwüren weiterentwickeln. Besonders gerne bilden sich derartige Ekzeme an Gelenkbeugen und hinter den Ohren.

Hamamelis virginica Virginischer Zauberstrauch, Zaubernuß, Familie Hamamelidaceae (Hamamelisgewächse)

Die ∅ wird aus der frischen Rinde von Zweigen und Wurzeln hergestellt. Diese Pflanze besitzt eine starke Affinität zum Venenkreislauf, wo Stauungen und Blutungen hervorgerufen werden. *Hamamelis* wirkt entspannend auf das Venensystem, wodurch es folglich zu Stauungen und Schwellungen kommen kann. Jedes Leiden, das durch Venenstauungen und Krampfadern charakterisiert wird, sollte sich nach Einsatz dieser Arznei verbessern.

Hekla lava Lava vom Hekla (auf Island)

Die Potenzen werden aus verriebener Vulkanasche hergestellt. In dieser Asche sind Substanzen enthalten, die man immer in Lava findet, nämlich *Alumina* (Tonerde), Kalk und *Silicea* (Kieselsäure). Lymphgewebe und Knochenskelett sind diejenigen Körperbereiche, die am besten auf *Hekla lava* ansprechen. Das Mittel eignet sich hervorragend zur Behandlung von Knochenauswüchsen (Exostosen) und Tumoren der Gesichtsknochen, aber auch bei Zahnkaries, die aufgrund von Zahnkrankheiten entstanden ist. *Hekla lava* wirkte auch sehr erfolgreich bei einer Strahlenpilzkrankheit (Aktinomykose) der Unter- und Oberkieferknochen. Generell ist es ein gutes Mittel bei der Behandlung von Knochentumoren aller Art.

Helleborus niger Schwarze Nieswurz, Christwurzel, Familie Ranunculaceae (Hahnenfußgewächse)

Die ∅ wird aus frisch gepreßtem Wurzelsaft gewonnen. Die Affinität dieser Pflanze richtet sich auf das zentrale Nervensystem und den Magen-Darm-Trakt. In geringerem Umfang sind auch die Nieren betroffen. *Helleborus* ruft taumelnde Bewegungen mit Schwindel und Krämpfen hervor. Das Tier muß sich verstärkt übergeben und häufig Harn lassen, sein Kot ist durchfallartig. Die Herztätigkeit ist verlangsamt.

Hepar sulfuris Kalkschwefelleber

Diese Substanz wird hergestellt, indem man Kalziumkarbonat mit Schwefelblüten verbrennt. Aus der verriebenen Asche werden anschließend die Potenzen gewonnen. Dem Arzneimittelbild sind Erkrankungen mit Eiterbildungen zugeordnet, in deren weiterem Verlauf das kranke Tier auf Druckschmerz besonders empfindlich reagiert. Das Mittel ruft katarrhalische und eiternde Infektionen der Schleimhäute in den Atemwegen und im Magen-Darm-Trakt hervor. Auch die Haut und die lymphatischen Organe können betroffen sein. Die Arznei hat ein breites Wirkspektrum. Man sollte sich *Hepar sulfuris* als ein ideales Mittel bei allen eitrigen Entzündungen in Verbindung mit überempfindlichem Druckschmerz einprägen, beispielsweise bei einer akuten Sommer-Mastitis (Brustdrüsenentzündung). Als Tiefpotenz fördert es die Eiterbildung, während durch Hochpotenzen (von D200 ab aufwärts) der Vereiterungsprozeß gestoppt und die Auflösung des Eiters gefördert wird.

* Hippozaeninum (syn. *Mallein*)

Diese Nosode wurde lange Zeit aus dem Extrakt eines Erregers hergestellt, der in früheren Zeiten bei Pferden die Rotzkrankheit, kurz Rotz genannt, hervorrief. Sie besitzt einen breiten Verwendungsbereich bei vielen Katarrhen, die durch leimartigen oder honigfarbenen Ausfluß gekennzeichnet sind, beispielsweise Nebenhöhlenentzündung (Sinusitis) oder Stinknase (Ozäna), eventuell auch mit Geschwulstbildung am Nasenknorpel. Ein exzellentes Mittel bei manchen Formen von chronischem Schnupfen, der durch Viren hervorgerufen wurde.

Hydrangea arborescens
Hydrangea (Wilde Hortensie im Osten der USA), Familie Saxifragaceae (Steinbrechgewächse)

Die Urtinktur wird aus frisch gepflückten Blättern und jungen Pflanzensprossen hergestellt. Diese Pflanze wirkt sich sehr stark auf die Harn-wege aus, insbesondere auf die Blase, wo sie an der Auflösung von Blasengrieß beteiligt ist. Auch die Vorsteherdrüse (Prostata) fällt in ihren Einflußbereich.

Hydrastis canadensis Kanadische Gelbwurzel, Familie Ranunculaceae (Hahnenfußgewächse)

Die Ø wird aus der frischen Wurzel bereitet. Bei einer katarrhalischen Entzündung wirkt *Hydrastis* heilend auf die befallenen Schleimhäute. Das abgesonderte Sekret ist im allgemeinen gelb und dick. Jeder Katarrh mit einsetzendem eitrig-schleimigen Ausfluß fällt in die Wirksphäre dieser Arznei, z. B. leichte Formen der Gebärmutterentzündung (Metritis) und Nebenhöhlenentzündung (Sinusitis).

Hydrocotyle asiatica (syn. *Centella asiatica*) Asiatischer Wassernabel, Familie Apiaceae (Doldengewächse)

Die Ø wird aus der ganzen Pflanze gewonnen. Hauptsächlich wirkt *Hydrocotyle* auf die Haut und die weiblichen Geschlechtsorgane, in geringerem Umfang wird auch die Tätigkeit der Leber beeinflußt. In den Wirkungsbereich dieser Arznei fallen Hautleiden, bei denen die Oberhaut (Epidermis) sich verdickt und rauh wird.

Hyoscyamus niger Bilsenkraut, Familie Solanaceae (Nachtschattengewächse)

Die Urtinktur wird aus der ganzen Pflanze hergestellt. Der Wirkstoff dieser Pflanze zerstört das zentrale

Nervensystem, wo er Hirnerregung und manische Zustände auslöst. Krankheiten, bei denen man *Hyoscyamus* gibt, werden nicht von Entzündungen begleitet (siehe *Belladonna*).

Hypericum perforatum   Johanniskraut, Familie Hypericaceae (Johanniskrautgewächse)

Die ∅ wird aus der ganzen, frisch gepflückten Pflanze bereitet. Der Wirkstoff kann an Hautstellen mit Pigmentmangel (Melaninmangel) eine Überempfindlichkeit gegen Licht verursachen. Hauptsächlich wird das zentrale Nervensystem betroffen, wo *Hypericum* Überempfindlichkeit auslöst. An manchen Stellen bilden sich Schorf und Hautnekrosen. Diese Arznei ist von besonderer Bedeutung bei der Behandlung von Rißwunden, bei denen Nervenendungen beschädigt sind. Auch bei Wirbelsäulenverletzungen, insbesondere im Steißbereich, werden gute Ergebnisse erzielt. Seine besondere Wirkung auf Nerven macht das Mittel bei Wundstarrkrampf (Tetanus) geeignet; wenn es unmittelbar nach einer Verletzung gegeben wird, kann die Verbreitung des Giftstoffs (Toxin) unterbunden werden. Bei Rißwunden kann man *Hypericum* zusammen mit *Calendula* äußerlich verabreichen, und zwar beide in zehnfacher Verdünnung. Das Johanniskraut ist ein sehr nützliches Mittel bei Empfindlichkeit gegen Licht (Photosensibilität) und ähnlichen allergischen Leiden.

Ipecacuanha   (= *Cephalis ipecacuanha*) Brechwurzel, Familie Rubiaceae (Rötegewächse)

Die Urtinktur wird aus der getrockneten Wurzel hergestellt. Die bedeutendste Komponente ist das Alkaloid Emetin. Diese Pflanze ist hauptsächlich mit Blutungen assoziiert, insbesondere bei heftigen Blutungen unmittelbar nach der Geburt.

Iris versicolor   Buntfarbige Schwertlilie, Familie Iridaceae (Schwertliliengewächse)

Die ∅ wird aus der frischen Wurzel hergestellt. Diese Pflanze wirkt auf unterschiedliche Drüsen, besonders aber auf Speicheldrüsen, Pankreas und Schilddrüse. Da *Iris* einen besonderen Einfluß auf die Schilddrüse hat, kann der Hals anschwellen. In der Verterinärmedizin wird diese Arznei hauptsächlich eingesetzt, um Beschwerden des Pankreas (Bauchspeicheldrüse) zu behandeln. Die Ergebnisse waren durchgehend gut.

Jodum   Jod

Die Potenzen werden aus einer Tinktur hergestellt, indem man elementares Jod in Alkohol auflöst. Die Stärke dieser Tinktur beträgt 1%. In hoher Dosis verabreicht, ruft das Element eine Jodvergiftung (Jodismus) hervor, von der als erste Bereiche Augen und Nebenhöhlen befallen werden, was zu Bindehautentzündung und Bronchitis führt. Nach übermäßiger Einnahme treten eine allgemeine Schwäche und Muskelatrophie (Muskelschwund) ein. Die Haut wird trocken und sieht verwelkt aus, und das Tier hat Heißhunger. Leiden, die einander entgegengesetzte Symptome gleichzeitig äußern, z. B. starke Zellvermehrung und Zellschwund, werden ebenfalls mit *Jodum* behandelt. Jod kann bei Störungen und Fehlfunktionen des Eierstocks (Ovars) gegeben werden, wenn die Ovarien während einer rektalen Untersuchung klein und verschrumpelt scheinen. Es ist ein gutes Drüsenmittel. Vor allem sollte man seine besondere Affinität zur Schilddrüse nicht vergessen.

Kalium arsenicosum
Fowlersche Lösung

Die Ø wird durch Verdünnung des Salzes gewonnen. Die Fowlersche Lösung ist generell ein gutes Mittel bei Hautkrankheiten.

Kalium bichromicum
Kaliumdichromat

Die Potenzen werden aus einer Lösung in destilliertem Wasser gewonnen. Dieses Salz beeinflußt die Schleimhäute des Magens, des Darms und der Atemwege, während diejenigen der übrigen Organe nicht betroffen sind. Die Erkrankungen verlaufen ohne Fieber ab. Auf den Schleimhäuten bildet sich durch den Einfluß von Kaliumdichromat eine katarrhartige gelbfarbene Absonderung, die zähe Fäden zieht. Dieser ganz typische Schleim sollte den Ausschlag für eine Behandlung mit *Kalium bichromicum* geben. Die Arznei kann auch bei Bronchopneumonie, Nebenhöhlenentzündung und Nierenbeckenentzündung genommen werden.

Kalium carbonicum
Kaliumkarbonat

Die Potenzen werden aus einer Lösung in destilliertem Wasser gewonnen. Dieses Salz findet man in den Zellen aller Pflanzen, die Kalium enthalten. Kaliumkarbonat bewirkt eine allgemeine Schwäche des Körpers; eine derartige Wirkung findet man auch bei anderen Kalisalzen. Die Tiere haben kein Fieber. *Kalium carbonicum* ist ein sehr hilfreiches Rekonvaleszenzmittel.

Kalium chloricum
Kaliumchlorid

Die Potenzen werden aus einer Lösung in destilliertem Wasser gewonnen. Hauptsächlich sind die harnbildenden Organe betroffen, die einen blutdurchsetzten, eiweißreichen Urin produzieren.

Kalium jodatum   Kaliumjodid

Die Potenzen werden aus verriebenem Salz gewonnen, das anschließend in Alkohol gelöst wird. An den Augen entsteht durch dieses sehr wichtige Salz ein beißender, wäßriger Ausfluß. Faser- und Bindegewebe sind ebenfalls betroffen. Außerdem schwellen die Drüsen an. Man setzt Kaliumjodid verbreitet bei verschiedensten Leiden ein, die die charakteristischen Begleitsymptome an Augen und Atemwegen aufweisen.

Kreosotum   Buchenholzteerdestillat

Die Ø wird aus einer Lösung mit absolutem Alkohol bereitet. Diese Substanz löst Blutungen aus kleinen

Wunden mit brennendem Ausfluß und Geschwürbildungen aus. Blut und andere Körperflüssigkeiten werden rasch zersetzt. Die Augenlider können sich entzünden (Blepharitis) und gelegentlich Gangräne (Brand) bilden. Bei erkrankten weiblichen Tieren läuft dunkles Blut aus der Gebärmutter. *Kreosotum* wurde erfolgreich bei gefährlichen Gangränen angewendet, die typische Frühsymptome wie die geschilderten Blutungen und Ulzerationen zeigten.

Lachesis (= *Lachesis muta*)
Buschmeister, Buschotter, Sucurú, Familie Crotalidae (Grubenottern)

Eine Trituration des Giftes in Alkohol ist die Ausgangsstufe, aus der man anschließend die Potenzen erhält. Außerordentlich leicht kommt es zu Blutungen und Sepsis mit ausgeprägter Kraftlosigkeit. Dies ist ein gutes Mittel, um bei Vipernbissen einer Komplikation durch Sepsis (Blutvergiftung) vorzubeugen und Schwellungen zu verhindern. Von besonderem Wert erweist sich *Lachesis*, wenn bei einer Halsentzündung eine linksseitige Schwellung inklusive der Oluspeicheldrüse (Parotis) entsteht. Wo immer es zu Blutungen kommt, strömt dunkles Blut aus; dieses gerinnt nicht sofort, während das Hautgewebe, das die Wunde umgibt, einen dunkelvioletten Farbton annimmt.

Lathyrus sativus Gemeine
Platterbse, Familie Fabaceae (Schmetterlingsblütler)

Die Ø wird aus dem Blütenstand und den Hülsen der Frucht bereitet. Die Droge wirkt sich auf den vorderen Bereich der Wirbelsäule aus und ruft in den unteren Gliedmaßen Lähmungserscheinungen hervor. Die Kraft der Nerven ist im allgemeinen geschwächt. *Lathyrus* sollte man bei Krankheiten nehmen, bei denen das Tier ruhen muß. Gleichzeitig kommt es zu Mineralmangel sowie zu Nervenschwäche mit lokalen Lähmungserscheinungen.

Ledum palustre Sumpfporst,
Familie Ericaceae (Heidekrautgewächse)

Die Ø wird aus der ganzen, frisch gepflückten Pflanze hergestellt. Der Wirkstoff ruft Symptome wie bei Wundstarrkrampf (Tetanus) hervor, die von Muskelzucken beleitet sind. Das Mittel wird hauptsächlich bei Stichwunden eingesetzt, vor allem dann, wenn die Umgebung der Wunde kalt und farblos wird. Insektenstiche, aber auch Verletzungen am Auge sprechen gut auf diese Arznei an.

Lemna minor Entengrütze,
Kleine Wasserlinse, Familie Lemnaceae (Wasserlinsengewächse)

Die Urtinktur wird aus ganzen, frisch gepflückten Pflanzen gewonnen. Dieses Mittel ist besonders bei Katarrhen in der Nasenpassage geeignet, wo sich ein schleimig-eitriger, besonders abstoßender Ausfluß bildet. Im Bereich des Magen-Darm-Traktes können Durchfall und Blähgefühl entstehen.

Lilium tigrinum Tigerlilie, Familie Liliaceae (Liliengewächse)

Aus den frisch gepflückten Blättern und Blüten dieser Pflanze wird die ∅ bereitet. Hauptwirkungsrichtung ist das Becken mit seinen Organen, wo Krankheiten hervorgerufen werden, die sich aus Beschwerden an Ovar oder Uterus entwickeln. Eine erhöhte Schlagzahl des Herzens wird von unregelmäßigem Puls begleitet. Der Urin kommt spärlich, aber häufig. In der Gebärmutter staut sich das Blut, sie sondert einen blutdurchsetzten Ausfluß ab und kann aus ihrer Position rutschen. Dieses Arzneimittel ist bei blutiger Eiteransammlung in der Gebärmutter angezeigt, aber auch bei (Funktions)Störungen des Eierstocks.

Lithium carbonicum Lithiumkarbonat

Die ∅ wird durch Verreibung des getrockneten Salzes bereitet. Im kranken Tier ruft dieses Lithiumsalz eine chronische Gelenksentzündung (Arthritis) und eine Veranlagung (Diathese) zur Harnsäurebildung hervor. Der Urin wird unter Schwierigkeiten abgeschlagen; er enthält Schleim und ein rotes sandiges Sediment. Die Harnblase entzündet sich, der ausgeschiedene Harn ist dunkel. Mit diesem Salz sollten bestimmte Formen der Arthritis sowie Harn- und Blasenleiden, die Harnsäurebildung verursachen, behandelt werden.

Lobelia inflata Indischer Tabak, Familie Lobeliaceae (Lobeliengewächse)

Die ∅ wird aus den getrockneten Blättern hergestellt, die anschließend mit Alkohol verdünnt werden. Der Wirkstoff arbeitet wie ein Gefäßreizmittel, das die Atmung behindert und Symptome wie Appetitlosigkeit und Entspannung der Muskulatur hervorruft. Mit *Lobelia* lassen sich Emphyseme gut behandeln. Außerdem ist es ein sehr gutes Rekonvaleszenzmittel.

Lycopodium clavatum Kolbenbärlapp, Schlangenmoos, Familie Lycopodiaceae (Bärlappgewächse)

Die Urtinktur wird aus den zerstoßenen Sporen gewonnen, die anschließend mit Alkohol verdünnt werden. Der Wirkstoff beeinflußt hauptsächlich das Verdauungssystem und die Nieren. Auch die Atemwege sind häufig betroffen (z. B. durch eine Lungenentzündung). Die Magentätigkeit ist insgesamt mangelhaft, und das Tier gibt sich mit ganz wenig Futter zufrieden. Auch die Speicherfunktion der Leber (d. h. die Bildung und Speicherung der körpereigenen Energiereserven) ist beeinträchtigt. Das Mittel hilft generell bei Erkrankungen des Magen-Darm-Trakts, der Harnwege und der Luftwege. Charakteristischerweise werden die Symptome am Spätnachmittag und frühen Abend schlimmer. Diese Arznei ist das Mittel der Wahl, wenn eine Azetonämie (Vorhandensein von Aceton im Blut) vorliegt. Sein Einfluß auf die Haut macht *Lycopodium* zu einem idealen Mittel bei Haarausfall (Alopezie).

Lycopus virginicus Wolfstrapp, Virginischer Wolfsfuß, Familie Lamiaceae (Lippenblütler)

Die Ø wird aus der ganzen, frisch gepflückten Pflanze bereitet. Der Wirkstoff dieser Pflanze senkt den Blutdruck und ruft Venenblutungen hervor. Die Hauptwirkungsrichtung in der homöopathischen Veterinmedizin ist das gesamte Herz, dort wird der Puls schwach und unregelmäßig. Die Herzarbeit nimmt zu; das Tier bekommt nur schwer Luft und läuft blau an. Die Atemgeräusche werden pfeifend, es wird ein blutdurchsetzter Schleim ausgehustet.

Magnesium phosphoricum
Magnesiumphosphat

Die Potenzen werden aus verriebenem Salz hergestellt, das anschließend in destilliertem Wasser aufgelöst wird. Dieses Salz löst in der Muskulatur Krämpfe aus. *Magnesium phosphoricum* ist gut bei Magnesiummangel im Blut (Hypomagnesämie), da es sofort wirkt und eventuellen Hirnschädigungen vorbeugt.

* Malandrinum

Diese Nosode wurde aus den Erregern einer Pferdekrankheit, der Schmutzmauke oder Flechtenmauke, entwickelt und wird aus der triturierten Absonderungen bzw. aus verriebenem befallenem Gewebe bereitet. Mit diesem Mittel wird hauptsächlich chronischer, nässender Hautausschlag behandelt. In diesem Zusammenhang kann man mit der *Malandrinum*-Nosode auch bestimmte Ohrkarzinome behandeln.

Melilotus (= *Melilotus officinalis*) Steinklee, Familie Fabaceae (Schmetterlingsblütler)

Die Ø wird aus der ganzen, frisch gepflückten Pflanze gewonnen. Dem Arzneimittelbild dieser Pflanze sind hauptsächlich starke Blutungen zugeordnet. Die Droge enthält eine Komponente, die Blut zersetzt, und verhindert daher, daß sich nach äußeren Verletzungen Blutgerinnsel im Blut bilden (Thrombose). *Melilotus* gilt als gutes Mittel, um Blutergüsse und Unterhautblutungen zu behandeln, deren Ursprung ungewiß ist.

Mercurius bijodatus
(= *Hydrargyrum bijodatum rubrum*) Rotes Quecksilberjodid

Die Potenzen werden aus einer Verreibung des Salzes bereitet. Rotes Quecksilberjodid verursacht häufig Schwellungen der Drüsen, besonders auf der linken Halsseite. Ein auffälliges Symptom ist die steife Halsmuskulatur.

Mercurius corrosivus
Quecksilberchlorid

Die Potenzen werden durch Verreibung und anschließende Verdünnung gewonnen. Dieses Salz hat eine ähnliche Wirkung wie *Mercurius vivus*, jedoch sind die hervorgerufenen Symptome im allgemeinen stärker. Im unteren Darmbereich wird ein schmerzhafter Drang verursacht, Kot abzugeben; dies führt meist zu Durchfall. Außerdem kann *Mercurius corrosivus* das Nierengewebe zerstören. Von den Schleimhäuten wird ein grünliches Sekret abgesondert.

Dieses Mittel kann auch bei schwerem Befall mit Kokzidien (Kokzidiose) von Nutzen sein.

Mercurius cyanatus
Quecksilbercyanid

Die Potenzen werden durch Verreibung und anschließende Verdünnung bereitet. Dieses Quecksilbersalz ruft ähnliche Krankheitssymptome hervor wie bakterielle Giftstoffe (Toxine). Sehr häufig findet man Kraftlosigkeit und eine Neigung zu Blutungen. Oft bilden sich Geschwüre an der Schleimhaut von Maul und Rachen. Die Geschwüroberfläche ist von einem gräulichen Belag eingefaßt. Besonders häufig ist die Schlundregion (Pharynx) betroffen; die Haut wird zunächst gerötet, bevor das Gewebe in einem späteren Stadium abstirbt.

Mercurius dulcis   Calomel

Die Potenzen werden durch Trituration und anschließende Verdünnung hergestellt. Die Hauptwirkungsrichtung sind insbesondere Ohr und Leber. Gelbsucht und andere Formen der Hepatitis sind meist die Folge. Bei weniger starken Formen der Leberzirrhose kommt *Mercurius dulcis* als Heilmittel in Betracht.

Mercurius jodatus flavus
Gelbes Quecksilberjodid

Auch hier werden die Potenzen durch Verreibung und Verdünnung hergestellt. Gelbes Quecksilberjodid führt häufig zu Drüsenverhärtung (in der Maulhöhle), begleitet von einer belegten Zunge. Die Ohrspeicheldrüsen (Parotis) und die Unterkieferspeicheldrüsen (Submaxillaris) schwellen an, allerdings wesentlich deutlicher auf der rechten Körperseite. In den Wirkungsbereich dieser Arznei fallen unterschiedliche Drüsenschwellungen und -entzündungen, generell sind jedoch Ohrspeicheldrüsenentzündung (Parotitis) und Lymphknotenentzündung (Lymphadenitis) besonders häufig.

Mercurius solubilis   Quecksilber

Die Potenzen werden aus einer Verreibung und anschließender Verdünnung in Alkohol gewonnen. Dieses Metall wirkt auf alle Organe und Gewebstypen, indem es die Zellen absterben läßt und anschließend zu einer Blutarmut (Anämie) führt. Bei fast allen Erkrankungen wird viel Speichel gebildet, und das Zahnfleisch wird aufgelockert und blutet leicht. Sehr oft tritt Durchfall auf, der Kot ist dann schleimig und blutdurchsetzt. *Mercurius solubilis* wird bei Krankheiten gegeben, die sich zwischen Sonnenuntergang und Sonnenaufgang verschlimmern.

Millefolium   (= *Achillea millefolium*) Schafgarbe, Familie Asteraceae (Korbblütler)

Die ∅ wird aus der ganzen Pflanze hergestellt. Die Wirkung von *Millefolium* ruft Blutungen an verschiedenen Körperteilen hervor. Das Blut ist hellrot.

*Morgan (Bach)
(syn. *Morganscher Bazillus*)

Im Rahmen einer klinischen Untersuchung wurden die Symptome festgestellt, die diese Nosode hervorruft:

Erkrankungen des Magen-Darm-Trakts und der Atemwege, in zweiter Linie Erkrankungen des Fasergewebes und der Haut. Diese Wirkung wird in der homöopathischen Veterinärmedizin hauptsächlich verwendet, um Entzündungen zu behandeln, beispielsweise akute Ekzeme. Diese Nosode kann mit anderen geeigneten Mitteln kombiniert werden.

Murex purpurea (syn. *Murex cornutus*) Purpurschnecke, Familie Muricidae (Leistenschnecken)

Die Ø wird aus dem getrockneten Sekret der Purpurdrüse gewonnen, die aus verschiedenen *Murex*-Arten stammt. Die Droge wirkt sich vorzugsweise auf die weiblichen Geschlechtsorgane aus, indem sie den Zyklus stört. Das Mittel wird eingesetzt, wenn das Tier nicht paarungsbereit ist oder zur Anregung des Eisprungs. Den vermutlich besten Erfolg zeigt *Murex* bei Eierstockzysten, die zu hormonellen Störungen und hierdurch zu einer Dauerhitze führen können.

Naja tripudians (syn. *Naja naja*) Brillenschlange, Kobra, Familie Elapidae (Giftnattern)

Die Potenzen werden aus verriebenem Schlangengift hergestellt, das anschließend mit Alkohol verdünnt wurde. Alternativ läßt sich die Ø auch durch Verdünnung des reinen Gifts herstellen. Kobragift ruft eine Bulbärparalyse hervor, auch Duchenne-Lähmung genannt (dabei handelt es sich um Lähmungserscheinungen, die vom verlängerten Rückenmark ausgehen). Nach dem Biß erscheinen die tiefer liegenden Gewebeschichten dunkelviolett und mit großen Mengen blutdurchsetzten Sekrets angefüllt. Das Tier verliert plötzlich die Kontrolle über seine Gliedmaßen. Das Herz ist sehr stark betroffen. Die Arznei bietet sich zur Behandlung angioneurotischer Ödeme an.

Natrium chloratum

(syn. *Natrium muriaticum*) Kochsalz

Die Potenzen werden durch Verreiben des Salzes hergestellt, das anschließend in destilliertem Wasser aufgelöst wird. Übermäßiger Kochsalzkonsum kann zu Anämie führen; bei dem erkrankten Tier sind dann Anzeichen von Wassersucht und anderen Ödemen zu erkennen. Die Zahl der Leukozyten (weiße Blutkörperchen) steigt, gleichzeitig trocknen die Schleimhäute aus. Ein unschätzbares Heilmittel, wenn eine Krankheit, die in Folge einer Anämie oder chronischen Nierenentzündung entstand, nicht besser werden will.

Natrium sulfuricum

Natriumsulfat, Glaubersalz

Die Ø wird durch Verreibung des Salzes hergestellt. Glaubersalz schwächt alle Körperteile, die der Feuchtigkeit ausgesetzt waren. Die Leber ist in Mitleidenschaft gezogen, und gerne bilden sich Warzen aus. Gelegentlich kommt es zu Gelbsucht und anderen Formen der Hepatitis. Plötzlich stellen sich ein geblähter Bauch und wäßriger Durchfall ein. Die Erfahrung hat gezeigt, daß dieses Mittel von großem Wert war, wenn nach einer (länger zurückliegenden) Kopfverletzung Beschwerden auftraten, die scheinbar nichts mit dieser Verletzung zu tun hatten.

* »Notfall-Medizin« Bachblüte
Diese Medizin (Nosode) gehört zu den vielen Bachblüten-Mitteln, unter denen es wohl die bekannteste ist. Bachblüten werden nicht potenziert wie homöopathische Mittel, in der Praxis hat sich aber erwiesen, daß sie beachtliche heilende Eigenschaften besitzen. Dieses Mittel ist gut für kranke Tiere, die unter einem Trauma (d. h. einer gewaltsamen Einwirkung von außen) stehen, wie z. B. Streß, Schockzustand oder dem Trauma nach einer Operation. Ein exzellentes Mittel, um geschwächte Neugeborene nach der Geburt wieder zu beleben.

Nux vomica Brechnuß
(aus *Strychnos nux-vomica*, Brechnußbaum), Familie Loganiaceae (Loganiengewächse)

Die Ø wird aus den getrockneten Samen hergestellt. Diese Pflanze ruft Verdauungsbeschwerden und Verstopfung hervor, häufig begleitet von Symptomen wie Blähungen und Verdauungsschwäche. Der Kot ist im allgemeinen hart.

Ocimum canum Campherbasilikum, Familie Lamiaceae (Lippenblütler)

Die Ø wird aus den frisch gepflückten Blättern bereitet. Diese Arznei wirkt sich sehr stark auf die Harnwege aus und fördert die Bildung eines trüben, dunkelgelben Urins. Dieser ist mit Schleim und Eiter durchsetzt

und riecht süßlich nach Moschus. *Ocimum* wird bei Harn-und Blasenleiden verwendet, die diese Symptome aufweisen.

Oleum terebinthinae
(syn. *Terebinthina*) Terpentinöl

Die Potenzen werden aus einer alkoholischen Lösung bereitet. An verschiedenen Stellen der Körperoberfläche treten Blutungen auf, insbesondere an den Harnwegen. Das Tier hat Mühe beim Wasserlassen, sein Urin ist oft voller Blutspuren. Auch die Gebärmutter kann bluten, besonders unmittelbar nach der Geburt. Man gibt *Oleum terebinthinae* auch bei akuter Nierenentzündung mit blutigem Urin (Hämaturie), der süßlich riecht und nach Veilchen duftet. In niedrigen Potenzen hilft die Arznei auch gegen starke Blähungen.

* Oopherinum

Hierbei handelt es sich um ein Hormon des Ovars (Sexualhormon, wie beispielsweise Östrogen). Erkrankungen der Eierstöcke fallen daher in den Einflußbereich dieser Nosode, beispielsweise Unfruchtbarkeit, weil die Ovartätigkeit gestört ist. Das Mittel wird auch bei einigen Hauterkrankungen gegeben, die mit den Symptomen von *Oopherinum* in Zusammenhang gebracht werden.

Opium (= *Papaver somnifera*)
Schlafmohn, Familie Papaveraceae (Mohngewächse)

Die Ø wird nach der Trituration aus dem dabei gewonnenen Pulver hergestellt. *Opium* bewirkt, daß das gesamte Nervensystem unempfindlich wird; das Tier ist völlig benommen und geistig abgestumpft. Auch die Vitalreaktion bleibt aus. Alle Beschwerden sind durch einen Halbschlafzustand gekennzeichnet. Die Pupillen sind zusammengezogen, die Augen blicken völlig starr.

* Ovarium

Hierbei handelt es sich ebenfalls um ein Hormon des Eierstocks, das in potenzierter Form vorliegt. Die Nosode hat ein ähnlich breites Wirkspektrum wie *Folliculinum*, die mit *Ovarium* erzielten Ergebnisse sind jedoch weniger zufriedenstellend als die mit *Folliculinum* erreichten.

Palladium
Metallisches Palladium

Die Potenzen werden durch Verreibung und anschließende Verdünnung gewonnen. Hauptsächlich wirkt dieses Metall auf die weiblichen Geschlechtsorgane, wo es Entzündungen der Eierstöcke hervorruft. Dabei kann es leicht zu einer Entzündung des Beckenbauchfells kommen. Der rechte Eierstock leidet meist häufiger unter Beschwerden als der linke. *Palladium* ist auch gut gegen Beschwerden und Störungen im Beckenbereich, wenn diese als Folge einer Eierstockentzündung (Ovaritis) entstanden sind.

* Pancreatinum

Die Ø wird aus trituriertem Extrakt des Pankreas (Bauchspeicheldrüse) gewonnen. Bei verschiedenen Beschwerden der Bauchspeicheldrüse wird *Pancreatinum* entweder aus-

schließlich oder in der Kombination mit ausgewählten Arzneien verwendet, je nach Lage des Falls. Wenn ein Tier an Pankreatitis (Entzündung der Bauchspeicheldrüse) leidet, kann *Pancreatinum* zusammen mit dem Verdauungsenzym Trypsin verabreicht werden.

Pareira (= *Pareira brava*) Grießwurz, Familie Menispermaceae (Mondsamengewächse)

Die Ø wird aus einer Tinktur der frischen Wurzel hergestellt. *Pareira* wirkt sich in erster Linie auf die Harnwege aus, wo die Pflanze eine katarrrhalische Blasenentzündung hervorruft. Dabei bilden sich öfters Nierensteine. Bei weiblichen Tieren kann man Ausfluß aus Scheide und Gebärmutter feststellen. *Pareira* sollte gegen Harnblasensteinen gegeben werden, wenn das Tier an starkem schmerzhaftem Harndrang (Strangurie) leidet und starke Schmerzen hat.

* Parotidinum

Hierbei handelt es sich um eine Mumps-Nosode. In der Veterinärpraxis ist sie ein bewährtes Mittel, um geschwollene Ohrspeicheldrüsen und das sie umgebende Gewebe zu behandeln. *Parotidinum* kann entweder ausschließlich oder in Kombination mit erforderlichen Arzneien verwendet werden.

* Pasteurella

Diese Nosode wird aus *Pasteurella*-Kulturen gewonnen, die aus einzelnen Krankheitsfällen isoliert wurden. Sie wird normalerweise in der

Stärke D30 verwendet und kann bei Befall mit *Pasteurella* zusammen mit anderen ausgewählten Arzneimitteln verwendet werden.

Petroleum   Petroleum, Steinöl

Die Urtinktur wird aus dem Öl gewonnen. Diese Substanz ruft Hautausschlag und Schleimhautkatarrh hervor. An den Ohren, Augenlidern und Füßen bilden sich ekzemartige Ausschläge mit Rissen, die nur langsam abheilen. Normalerweise ist die Haut dabei trocken. Bei kaltem Wetter verschlimmern sich die Beschwerden. *Petroleum* ist ein gutes Mittel bei einigen chronischen Hauterkrankungen, auf die die genannten Symptome zutreffen.

Phosphorus   Phosphor

Durch Verreiben von rotem Phosphor gewinnt man die Ø. Phosphor ist eine sehr wichtige Substanz, die bei Schleimhäuten Entzündungen und Zellabbau auslöst; außerdem verursacht Phosphor die Zerstörung von Knochen und bewirkt, daß das Gewebe der Leber und anderer Organe abstirbt. Besonders stark sind die Bestandteile der Augen betroffen, wie etwa Netzhaut (Retina) und Regenbogenhaut (Iris). Dem Arzneimittelbild des Phosphors ist besonders eine Neigung zu Blutungen zugeordnet; Haut und Schleimhäute können daher öfters geringfügig bluten. *Phosphorus* wird in der Praxis sehr breit und unterschiedlich eingesetzt, es ist eines der wichtigsten Mittel der Pharmakopoe (Arzneibuch).

Phytolacca decandra   Kermesbeere, Familie Phytolaccaceae (Kermesbeerengewächse)

Die Ø wird aus der kompletten, frisch gepflückten Pflanze hergestellt. Neben angeschwollenen Drüsen kennzeichnen Unrast und Kraftlosigkeit das Arzneimittelbild dieser Pflanze. In der Veterinärmedizin wird *Phytolacca* hauptsächlich verwendet, um angeschwollene Zitzen (Brustdrüsen) zu behandeln – insbesondere, wenn die Drüsen verhärten und schmerzen. Neben einer Entzündung des Gesäuges (Mastitis) können sich auch Abszesse bilden. Bei männlichen Tieren können die Hoden anschwellen. Diese Arznei ist bei Mastitis und anderen Brustdrüsenschwellungen von unschätzbarem Wert.

Platinum   Platin

Die Ø wird durch Verreibung des Metalls mit Milchzucker (Laktose) bereitet. Dieses Metall wirkt sich besonders auf die weiblichen Geschlechtorgane aus. Besonders bei den Ovarien (Eierstöcken) werden leicht Entzündungen hervorgerufen, und häufig bilden sich dort Zysten. Platinum ist übrigens ein ideales Mittel zur Behandlung von edlen Rassekatzen, wie beispielsweise Siamesen und Birmakatzen, deren Temperament den Gemütssymptomen dieses Mittels entspricht.

Plumbum metallicum   Blei

Die Ø wird durch Trituration des Metalls mit Milchzucker (Laktose) hergestellt. Wenn das Tier Blei aufnimmt (äußerlich oder über das Maul), wird bei ihm ein Lähmungszustand hervorgerufen, dem Schmerzen vorausgehen. Blei greift das zentrale Nervensystem an und zerstört auch die Leber, so daß eine Gelbsucht entsteht. Aufgrund des Blutbildes kann man Anämie (Blutarmut) feststellen. Die unteren Gliedmaßen werden gelähmt, und sehr häufig treten Krämpfe auf, die in ein Koma übergehen. *Plumbum* gilt als ideal bei starken Nierenschäden, bei denen auch die Leber in Mitleidenschaft gezogen ist.

Podophyllum (= *Podophyllum peltatum*) Maiapfel, Fußblatt, Familie Berberidaceae (Sauerdorngewächse)

Die Ø wird aus der ganzen, frischen Pflanze hergestellt. Ihr Wirkstoff beeinflußt in erster Linie den Zwölffingerdarm und den Dünndarm, wo er Darmkatarrh auslöst. Die Wirkung dehnt sich auch auf Leber und Mastdarm (Rektum) aus. Bei aufgeblähtem Abdomen (freie Bauchhöhle) liegt das Tier am liebsten auf dem Bauch. Es leidet unter kolikartigen Schmerzen und starker Empfindlichkeit über der Leber. Wäßriger, grünlicher Durchfallkot wechselt mit Verstopfung ab. *Podophyllum* eignet sich hervorragend, wenn der Magen-Darm-Trakt bei jungen Tieren nicht in Ordnung ist, aber auch bei Leberanschoppung (Stauungsleber) und Pfortaderstau.

* Pollens (syn. *Pollantinum*)

Im Frühjahr und Sommer reagieren manche Tiere allergisch auf Gräser (Pollenflug); dies äußert sich in übermäßigem Juckreiz und in der Ausbildung von Hautläsionen. Eine Nosode aus einer Kombination verschiedener Gräser (bzw. deren Pollen) kann diesem Leiden Abhilfe verschaffen. Die Mischung läßt sich auch zusammen mit anderen ausgewählten Arzneien einsetzen.

* Pseudomonas

Hierbei handelt es sich um eine Nosode, die diesen Erreger in potenzierter Form enthält. Sie wird dazu genutzt, eine Infektion mit Pseudomonas (begeißelten Bakterien) zu behandeln. *Pseudomonas* kann zu diesem Zweck mit geeigneten Arzneien kombiniert werden.

* Psorinum

Die Ø wird aus verriebenen, getrockneten Krätzebläschen gewonnen. Diese Nosode bewirkt einen Schwächezustand, vor allem nach akuter Krankheit mit deutlichen Hautsymptomen. Sämtliche Absonderungen sind unangenehm. Gelegentlich sind die Augen chronisch entzündet (Ophthalmie), begleitet von Entzündungen des Mittel- und Außenohrs mit abstoßendem bräunlichem Ausfluß. Die Erkrankungen der Haut jucken alle stark. Tiere, die *Psorinum* brauchen, halten sich bevorzugt an warmen Orten auf. *Psorinum* ist ein sehr wertvolles Hautmittel. Diese Nosode ist häufig ein gutes Mittel zur Ergänzung anderer Medikamente. Die Scherpilzflechte, aber auch andere Krankheiten mit trockener Haut und starkem Juckreiz sprechen sehr gut auf *Psorinum* an.

Ptelea (= *Ptelea trifoliata*) Klee-ulme, Waffelesche, Hopfenbaum, Familie Rutaceae (Rautengewächse)

Die Ø wird aus der Rinde oder der Wurzel hergestellt. Die Pflanze entfaltet ihre Hauptwirkung in Leber und Magen. Während einer Hepatitis sind Leber und Magen sehr empfindlich. *Ptelea* ist ein gutes Entschlackungsmittel, das die Ausschwemmung von Giftstoffen (Toxinen) unterstützt und auf diese Weise dafür sorgt, daß Erkrankungen wie Ekzeme und Asthma-Anfälligkeit beseitigt werden.

Pulsatilla (= *Pulsatilla pratensis*; syn. *Anemone pratensis*) Küchen-schelle, Kuhschelle, Familie Ranunculaceae (Hahnenfußgewächse)

Die Ø wird aus aus der ganzen Pflanze hergestellt, wenn diese voll erblüht ist. In den Wirkungsbereich dieses Heilmittels fallen Schleimhäute, die ein dickes, schleimig-eitriges Sekret absondern. *Pulsatilla* hat sich als sehr gute Arznei erwiesen, um eine Unterfunktion des Eierstocks oder eine zurückgehaltene Nachgeburt (Plazenta) zu behandeln.

* Pyrogenium

Diese Nosode wird aus dem Extrakt von faulem Fleisch gewonnen; die Ø stellt man aus einer Lösung des Proteins in destilliertem Wasser her. Trotz seiner »anrüchigen Herkunft« ist diese Nosode ein außerordentlich wichtiges Mittel, um verschiedene Formen der Blutvergiftung (Toxämien und Septikämien) zu behandeln. Dies gilt vor allem, wenn die Lebenskraft des Tieres stark geschwächt ist. Ein Symptom für den Einsatz von *Pyrogenium* ist ein Krankheitszustand, bei dem Fieber mit einem trägen, kleinen Puls vorliegt bzw. umgekehrt (d. h. niedrige Temperatur mit festem Puls). Sämtliche Ausscheidungen und abgesonderten Sekrete während der Sepsis sind außerordentlich abstoßend. Diese Nosode kann bei einer »Kindsbett-Sepsis« lebensrettend sein. Sie wird auch verwendet, wenn das Tier nach einer Fehlgeburt die Plazenta (Nachgeburt) bei sich behält. *Pyrogenium* sollte in der Stärke D200 und aufwärts verwendet werden.

Ranunculus bulbosus Knolliger Hahnenfuß, Familie Ranunculaceae (Hahnenfußgewächse)

Die Ø wird aus der ganzen Pflanze gewonnen. Hauptsächlich beschränkt sich die Wirkung auf Haut und Muskelgewebe, die auf Berührung überempfindlich reagieren. Die Hautschädigungen treten als Ausschlag mit Knötchen und Bläschen auf, die in größeren Gruppen auf der Haut verteilt sind.

Rhododendron (= *Rhododendron ferrugineum*) Alpenrose, Familie Ericaceae (Heidekrautgewächse)

Aus den frisch gepflückten Blättern dieses Strauch wird die Ø hergestellt. Dem Arzneimittelbild des Rhododendrons sind steife Muskeln und Gelenke zugeordnet. Nicht selten kommt es zu einer Hodenentzündung (Orchitis), bei der die Hoden verhärtet sind.

Rhus toxicodendron

(syn. *Toxicodendron quercifolium*)
Giftsumach, Familie Anacardiaceae
(Giftsumachgewächse)

Die Ø wird aus den frisch gepflückten Blättern hergestellt. Der Wirkstoff dieses Baums beeinflußt Haut und Muskulatur, aber auch Schleimhäute und Fasergewebe; er verursacht ziehende Schmerzen und Ausschlag mit Bläschen. Durch Bewegung können die Steifheitsbeschwerden besser werden. Wenn die Haut betroffen ist, bildet sich ein rötlicher Ausschlag mit Bläschen, und das umliegende Zellgewebe kann sich entzünden. Der Giftsumach ist ein gutes Mittel bei Erkrankungen von Muskeln und Gelenken, wenn die Beschwerden typischerweise nach körperlicher Bewegung abklingen.

Rumex crispus Ampfergrindwurzel, Familie Polygoniaceae (Knöterichgewächse)

Die Ø wird aus der frischen Wurzel bereitet. Der Wirkstoff senkt die Sekretbildung der Schleimhäute. Das Tier leidet an chronischer Magenschleimhautentzündung (Gastritis) mit wäßrigem Durchfall und mag nicht fressen. Aus Nase und Luftröhre fließt ein Schleim, der leicht schaumig aussieht. Bei manchen Atemwegserkrankungen ist *Rumex* das geeignete Mittel.

Ruta graveolens Edelraute, Weinraute, Gartenraute, Familie Rutaceae (Rautengewächse)

Die Ø wird aus der ganzen, frisch gepflückten Pflanze hergestellt. *Ruta* wirkt auf Knochenhaut (Periost) und Knorpel, in zweiter Linie auf Augen und Gebärmutter. Insbesondere in den Fußwurzelgelenken bilden sich Ablagerungen aus. Das Mittel wirkt gezielt (selektiv) auf den Mastdarm und den unteren Darmtrakt und kann bei leichtem Rektalprolaps (Absacken des Mastdarms) sehr hilfreich sein. Diese Arznei ist ideal, um die Wehen zu erleichtern, da es die Spannkraft der Uteruskontraktionen erhöht.

Sabina (= *Juniperus sabina*) Sadebaum, Familie Cupressaceae (Zypressengewächse)

Die Ø wird aus einem ätherischen Öl (aus den Zweigspitzen) gewonnen, das in Alkohol aufgelöst wird. Die Hauptwirkungsrichtung ist die Gebärmutter (Uterus), wo *Sabina* leicht eine Fehlgeburt hervorruft. Aber auch Fasergewebe und seröse Membranen fallen in den Wirkungsbereich. Dem Arzneimittelbild sind Blutungen zugeordnet, die Farbe des Blutes ist hellrot, und es gerinnt nicht. Hauptsächlich wird *Sabina* bei Uteruserkrankungen verwendet, z. B. wenn die Plazenta zurückgehalten wird. Hartnäckige Nachgeburtsblutungen können hiermit ebenfalls gestillt werden.

* Salmonella
(Nosode und Oral-Vakzin)

Beide werden aus Salmonellenstämmen gewonnen, die Salmonellose hervorrufen. Nosode und Oral-Vakzin werden vorbeugend und zur Behandlung dieser Krankheit eingesetzt.

Sanguinaria (= *Sanguinaria canadensis*) Kanadische Blutwurzel, Familie Papaveraceae (Mohngewächse)

Die ∅ wird aus der frischen Wurzel gewonnen. Das in dieser Pflanze enthaltene Alkaloid Sanguinarin besitzt eine Affinität zum Blutkreislauf und ruft Blutstauungen und Hautrötung hervor. Die weiblichen Geschlechtsorgane können auch betroffen sein, in diesem Fall entzünden sich die Eierstöcke. An verschiedenen Körperstellen beginnt die Haut zu bluten. Sehr häufig sind steife Vorderbeine, diese Steifheit betrifft besonders den Bereich der linken Schulter.

Scilla maritima (syn. *Urginea maritima*) Meerzwiebel, Familie Liliaceae (Liliengewächse)

Die ∅ wird aus der getrockneten Knolle gewonnen. Diese Substanz wirkt vornehmlich auf die Schleimhäute der Atemwege, aber auch auf den Magen-Darm-Trakt und die Nieren. Die Nase beginnt zu tropfen, begleitet von einem trockenen, später schleimigen Husten. Ein starker Harndrang tritt auf, der Urin ist klar und reichlich. *Scilla* gilt als ein gutes Herz- und Nieren-Mittel, ist aber auch förderlich gegen Wassersucht.

Secale cornutum (aus *Claviceps purpurea*, Roter Keulenkopf) Mutterkorn, Schwarzkorn, Familie Clavicipitaceae (Mutterkornpilze)

Die ∅ wird aus dem frischen Mutterkornpilz hergestellt. Mutterkorn läßt die glatte Muskulatur stark kontrahieren, wodurch die Blutzufuhr in verschiedenen Körperteilen (besonders in den Füßen) gedrosselt wird. Der Kot ist dunkelgrün und wechselt mit Durchfall ab. Aus dem Uterus fließen dunkelrotes Blut und andere übelriechende Ausscheidungen. Auf der Haut, die trocken und runzelig wird, entstehen häufig Gangräne. Da die Droge gleichermaßen auf Kreislauf und glatte Muskulatur wirkt, eignet sie sich bei manchen Leiden der Gebärmutter, z. B. bei starken Nachblutungen im Anschluß an die Geburt, aber auch bei allen Erkrankungen, die den peripheren Blutkreislauf einschließen.

Sepia officinalis Tintenfisch, Sepia, Familie Sepiidae (Echte Tintenfische)

Die Potenzen werden aus der getrockneten und verriebenen Flüssigkeit gewonnen, die aus dem Tintenbeutel des Mollusken stammt. Dem Arzneimittelbild sind Stauungen in der Pfortader und Funktionsstörungen des weiblichen Genitaltraktes zugeordnet. Häufig findet man, daß der Uterus vorgefallen ist. Das Mittel steuert den gesamten Hitzezyklus (Östrus) und sollte regelmäßig zur vorbeugenden Behandlung verabreicht werden. Die Arznei wirkt sich auch auf die Haut aus, sie brachte bei der Behandlung der Scherpilzflechte (Trichophytie) gute Ergebnisse. Die unterschiedlichsten Abscheidungen unmittelbar nach der Geburt konnten ebenfalls erfolgreich beseitigt werden. *Sepia* kann den natürlichen Mutterinstinkt in Tieren wecken, die gleichgültig oder feindselig gegen ihre Jungen sind.

Serum anguillae Aalserum (aus *Anguilla vulgaris*, Aal), Familie Anguillidae (Echte Aale)

Die Urtinktur wird aus dem getrockneten Serum oder einer Lösung mit destilliertem Wasser hergestellt. Auf das Blut wirkt Aalserum wie eine Blutvergiftung. Hauptsächlich werden die Nieren befallen, Nebenwirkungen können sich auf die Leber ausdehnen. Außer dem Blutfarbstoff Hämoglobin finden sich auch Nierensedimente im Urin. Es kann sich eine Anämie in besorgniserregendem Ausmaß bilden. Das Herz wird ebenfalls in Mitleidenschaft gezogen, und häufig treten plötzliche Schwindelanfälle auf.

Silicea (syn. *Acidum silicicum*) Kieselsäure

Die Potenzen werden aus einer Verreibung hergestellt, die anschließend in Alkohol gelöst wird. Die Substanz wirkt sich vorwiegend auf die Knochen aus und ruft dort Knochenfraß und Zelltod hervor. Außerdem läßt sie Abszesse und Bindegewebsfisteln entstehen, die anschließend mit Fasergewebe zuwuchern. Alle Wunden neigen zur Vereiterung. *Silicea* ist ein weit verbreitetes Mittel bei chronischen eitrigen Prozessen.

Solidago virgaurea Goldrute, Familie Asteraceae (Korbblütler)

Die Ø wird aus der ganzen frischen Pflanze gewonnen. Diese Pflanze löst bei großen, gewebereichen Organen Entzündungen aus, besonders in der Niere. Der Harn ist spärlich, von rötlicher Farbe und enthält Eiweißrückstände. Sehr oft stellt man eine vergrößerte Vorsteherdrüse (Prostata) fest. Die Goldrute gilt als ein ideales Mittel bei Niereninsuffizienz (schwach arbeitende Niere); als Begleiterscheinung kann bei männlichen Tieren die Prostata vergrößert sein.

Spigelia (= *Spigelia anthelmia*) Wurmkraut, Familie Loganiaceae (Loganiengewächse)

Die Urtinktur (Ø) wird aus dem getrockneten Kraut gewonnen. Diese Pflanze hat eine Affinität zum Nervensystem, aber auch zur Herzgegend und zu den Augen, wo *Spigelia* Augenentzündung und geweitete Pupillen hervorruft. Die Arznei bietet sich bei manchen Augenleiden an, besonders wenn man Schmerzen über dem Auge lokalisieren kann.

Spongia tosta (= *Euspongia officinalis*) Gerösteter Meerschwamm, Familie Spongidae (Schwämme)

Die Potenzen werden aus einer Verdünnung mit Alkohol hergestellt. Diese Arznei ruft Krankheitssymptome im Bereich der Atemwege und des Herzens hervor. Auch das Lymphsystem ist betroffen. Die Schilddrüse vergrößert sich. Da das Mittel generell auf Drüsen wirkt, eignet es sich das hervorragend bei Entzündung der Lymphknoten (Lymphadenitis). Nach einer Erkrankung der Atemwege wird es vorrangig als Herzmittel verwendet.

Staphisagria (= *Delphinium staphisagria*) Läusesamen, Stephanskraut, Giftiger Rittersporn, Familie Ranunculaceae (Hahnenfußgewächse)

Die ∅ wird aus den reifen Samen, auch Stephanskörner genannt, bereitet. Die Hauptwirkungsrichtung dieser Pflanze ist das Nervensystem, aber auch die Haut sowie Harnwege und Geschlechtsorgane (Urogenitaltrakt) sind betroffen. Läusesamen gilt als gutes Mittel bei Blasenentzündung (Zystitis). Die wichtigste Bedeutung erfährt das Mittel jedoch nach einer Operation: Es beeinflußt den Gemütszustand des Tieres, so daß postoperative Traumata abnehmen und die Operationswunden schneller heilen. Der Behandlung hormonell bedingter Ekzeme und Alopezie (Haarausfall) kommt dieses Mittel ebenfalls zugute.

* Staphylococcinum

Die Nosode aus *Staphylococcus aureus* ist das beste Mittel bei allen Infektionen mit Staphylokokken, wie beispielsweise bei Abszessen und Entzündung des Gesäuges (Mastitis). Diese Nosode wird meist in der Potenz D30 eingesetzt.

Stramonium (= *Datura stramonium*) Stechapfel, Familie Solanaceae (Nachtschattengewächse)

Die ∅ wird aus der ganzen, frisch gepflückten Pflanze und den Früchten hergestellt. Ihr Wirkstoff beeinflußt in erster Linie das zentrale Nervensystem, insbesondere das Großhirn, so daß das Tier beim Gehen stark schwankt und häufig nach vorn auf die linke Seite fällt. Die Pupillen sind geweitet, und der Blick ist starr geradeaus gerichtet. Wenn all diese Symptome zutreffen, ist *Stramonium* das geeignete Mittel bei Störungen des Gehirns.

* Streptococcinum
(Nosode und Oral-Vakzin)

Beide Arzneiformen werden aus *Streptococcus*-Stämmen gewonnen, die hämolytisch sind. Die Mittel werden bei verschiedenen Erkrankungen verwendet, die mit diesen Bakterien in Verbindung stehen, z. B. bei Erythemen (entzündliche Hautrötungen), bei Mandelentzündung (Tonsillitis) und bei Entzündungen der Niere, insbesondere des Nierenbeckens. Diese Nosode kann mit anderen Mittel kombiniert werden, ihre Stärke ist gewöhnlich D30.

Strophanthus (= *Strophanthus gratus*) Westafrikanische Pfeilgiftliane, Strophanthus, Familie Apocynaceae (Hundsgiftgewächse)

Die ∅ wird aus den reifen Samen hergestellt, die in Alkohol aufgelöst werden. Der Wirkstoff dieses Schlingstrauchs erhöht die Kontraktionskraft der gestreiften Muskulatur. Insbesondere wird die Systole des Herzmuskels erhöht, d. h., während es das Blut in die Blutgefäße pumpt, zieht sich das Herz stärker zusammen. Daher nimmt auch die Urinmenge zu, die der Körper ausscheidet, gelegentlich kann der Harn Eiweiß enthalten (Albuminurie). *Strophanthus* ist ein gutes Herzmittel, um Herzwassersucht zu unterbinden. Besonders für ältere Tiere bietet es sich als sicheres und hilfreiches Diuretikum (harntreibendes Mittel) an.

Strychninum Strychnin (ein Alkaloid aus *Strychnos nux-vomica*)

Die Potenzen werden aus einer Lösung des Alkaloids in destilliertem Wasser gewonnen. Strychnin stimuliert die Bewegungszentren der Wirbelsäule und läßt die Atmung tiefer werden. Alle Reflexe laufen schneller ab, und die Pupillen werden geweitet. Die Muskeln werden starr, besonders an Hals und Rücken; gleichzeitig zucken die Gliedmaßen und vollführen ruckartige Bewegungen. Sehr rasch setzen Muskelzittern und tetanische Krämpfe ein. Wenn die angegebenen Symptome zutreffen, hilft dieses Mittel gut bei Magnesiummangel im Blut oder bei Zelltod im Bereich der Hirnrinde.

Sulfonalum Teerkohle-Derivat

Die Ø wird durch Auflösen in Alkohol oder durch Verreibung mit Milchzucker (Laktose) hergestellt. Diese Substanz beeinflußt das zentrale Nervensystem und löst Muskelzucken sowie unregelmäßige und unkoordinierte Bewegungen aus. Die Muskulatur wird steif, teilweise sogar gelähmt. *Sulfonalum* gilt als eine dienliche Arznei, wenn man Erkrankungen der Hirnrinde behandeln will, die durch typische Symptome an Nerven und Muskeln gekennzeichnet sind.

Sulfur Schwefel

Die Potenzen werden aus einer Verreibung gewonnen, die anschließend mit Alkohol verdünnt wird. *Sulfur* besitzt ein breites Wirkspektrum, wird aber hauptsächlich bei Hauterkrankungen wie Räude und Ekzeme eingesetzt. Das Mittel wird auch gerne »zwischendurch« gegeben, um die Wirkung anderer Arzneien zu unterstützen.

* Sycoccus Intestinale Nosode nach Paterson

Diese Nosode wurde aus Bazillen isoliert, die keine Laktosegärung (Milchzuckergärung) durchführen und im Dickdarm vorkommen. Die *Sycoccus*-Nosode wurde erfolgreich bei Darmerkrankungen eingesetzt, bei denen die Darmschleimhaut entzündet ist.

Symphytum (= *Symphytum officinale*) Beinwell, Beinwurz, Familie Boraginaceae (Boretschgewächse)

Aus der frisch gepflückten Pflanze wird die Ø hergestellt. Die Wurzel des Beinwells liefert eine Substanz, die das Wachstum der Epithelzellen auf Geschwüroberflächen anregt, aber auch das Zusammenwachsen gebrochener Knochen beschleunigt. Daher sollte man *Symphytum* zur Unterstützung der Heilung eines Knochenbruchs routinemäßig verabreichen. Neben anderen Wundheilmitteln wie Arnika ist der Beinwell als ideale Arznei bei Verletzungen aller Art anzusehen. Gleichzeitig ist er ein hervorragendes Augenmittel.

Syzygium (= *Syzygium cumini*) Jambulbaum, Familie Myrtaceae (Myrtengewächse)

Die Ø stammt aus den verriebenen Samen, die anschließend mit Alkohol verdünnt werden. *Syzygium* wirkt auf das Pankreas (Bauchspeicheldrüse), was seine Verwendung in der Homöopathie erklärt, denn mit diesem Mittel wird Diabetes behandelt. Das spezifische Gewicht des Urins wird durch *Syzygium* verändert. Auch verringert das Mittel den Durst und reguliert die ausgeschiedene Urinmenge.

Tabacum (= *Nicotiana tabacum*) Virginischer Tabak, Familie Solanaceae (Nachtschattengewächse)

Die Ø wird aus den frischen, nicht fermentierten Blättern bereitet. Der Wirkstoff des Tabaks erzeugt Übelkeit und Erbrechen, begleitet von Mattigkeit und unregelmäßigem (intermittierendem) Puls. In Extremfällen beobachtet man Muskelschwäche und Kollaps. Mit *Tabacum* werden hauptsächlich Krankheiten von Tieren behandelt, die transportiert werden, z. B. Reisekrankheit oder Seekrankheit.

Tarantula hispanica (= *Lycosa tarantula*) Spanische Tarantel, Familie Lycosidae, (Wolfsspinnen)

Die Urtinktur (Ø) wird aus Verreibung der ganzen Spinne bereitet. Dem Arzneimittelbild sind hysterische Anfälle sowie Reizwirkung auf Harnwege und Geschlechtsorgane (Urogenitaltrakt) zugeordnet. Die Arznei eignet sich gut bei Hysterie oder Epilepsie, sofern dieser ein Erregungszustand vorausging bzw. diese begleitete. Auch eine erhöhte Paarungsbereitschaft (gesteigerte Libido oder Satyriasis) bei männlichen Tieren kann durch dieses Mittel gedämpft werden.

Tellurum Tellur

Die Ø wird durch Verreibung mit Laktose (Milchzucker) hergestellt. Das Metall wirkt sich vorzugsweise auf Augen, Ohren und Haut aus, aber auch auf die Kreuzbeingegend. Im Auge können grauer Star und Bindehautentzündung entstehen. Auf der Haut bilden sich Hautausschlag und Herpes in einer ringförmigen Anordnung. Tellur sollte man sich als ein ideales Mittel bei Erkrankungen des Ohrs merken, wenn sich auf dem Ohrläppchen Ausschlag bildet.

* Testosteronum basicum F. L.

Diese Nosode enthält das männliche Hormon Testosteron. Dieses wird in den Hoden gebildet und insbesondere zur Behandlung von Haarausfall (Alopezie) und Frieselausschlag (Ekzema miliare) bei kastrierten Katern verwendet. Klinisch gesehen ist diese Nosode weniger wirksam als die Nosoden *Folliculinum* und *Ovarium*, die weibliche Hormone enthalten. Sie wurde mit wechselndem Erfolg zur Behandlung des Analadenoms (Geschwür am After) eingesetzt.

Thallium aceticum Thalliumacetat

Dieses Metallsalz wird verrieben und anschließend in Alkohol aufgelöst. Die Droge wirkt auf das endokrine (hormonbildende) System, jedoch auch auf Haut, Nerven und Muskeln. Dort werden Lähmungserscheinungen hervorgerufen, gefolgt von Muskelschwund. Hauterkrankungen führen oft zu Haarausfall (Alopezie). *Thallium aceticum* wird hauptsächlich verwendet, um krankes Nährgewebe der Haut zu behandeln, wie beispielsweise bei chronischer Alopezie, aber auch bei Rückenmarksentzündung (Myelitis).

Thuja occidentalis Lebensbaum, Familie Cupressaceae (Zypressengewächse)

Die Ø wird aus den frischen Zweigen gewonnen. Durch *Thuja* werden Erkrankungen begünstigt, bei denen Warzen und Tumoren entstehen. Das Arzneimittelbild weist auf die Haut und das Urigenitalsystem (Harnwege und Geschlechtsorgane). Auf Hals und Bauch bilden sich besonders gerne Warzen und herpesartige Hautausschläge. Dieses Mittel ist von besonderem Wert, um Hautkrankheiten zu behandeln; vielfach sind diese von Warzen begleitet, die leicht bluten. *Thuja* wirkt besonders stark auf Polypen und Zottelwarzen, und diese Wirkung kann noch verstärkt werden, indem man die Urtinktur äußerlich anwendet, d. h., sie auf die Warzen streicht.

* Thyreoidinum Thyreoidin (aus der Schilddrüse)

Die Potenzen werden durch Trituration und Verdünnung mit Alkohol gewonnen. Eine übermäßige Ausschüttung des Hormons aus der Schilddrüse kann zu Blutarmut (Anämie), Abmagerung und Muskelschwäche führen. Die Augen sind vorgewölbt und die Pupillen geweitet. Der Pulsschlag ist beschleunigt. Dieses Mittel hilft bei Haarausfall (Alopezie).

Trinitrotoluol F. L. TNT

Die Potenzen werden aus einer Lösung mit destilliertem Wasser bereitet. Die Substanz zerstört die roten Blutkörperchen (Erythrozyten) und führt zur Hämolyse (Abbau des roten Blutfarbstoffs). Folglich verliert der Körper viel von seinem Blutfarbstoff Hämoglobin, was wiederum zu einer Blutarmut (Anämie) führt. Auf diesem Prinzip beruht die *Trinitrotoluol*-Therapie. Das Mittel kann bei Babesiose (Befall mit *Babesia*, einem Einzeller, der durch Zecken übertragen wird) und ähnlichen Krankheiten eingesetzt werden, die durch Parasiten hervorgerufen werden.

* Tuberculinum bovinum

Diese Nosode sollte verschrieben werden, wenn ein Tier tasächlich an Tuberkulose erkrankt; ansonsten kann man damit Knochenmarksentzündung (Osteomyelitis), einige Arten der Bauchfellentzündung (Peritonitis) sowie nässende Rippenfellentzündung (Pleuritis exsudativa) behandeln.

Uranium nitricum Urannitrat

Die Urtinktur wird aus einer Lösung mit destilliertem Wasser bereitet. Zum Arzneimittelbild dieses Schwermetallsalzes gehört, daß das Tier übermäßig viel Wasser läßt (Polyurie) und sein Harn Restzucker enthält (Glykosurie). Besonders stark ist die Bauchspeicheldrüse (Pankreas) betroffen, was sich auch auf die Verdauung auswirkt. *Uranium nitricum* hat bei einer Entzündung der Bauchspeicheldrüse (Pankreatitis) eine fast gleich gute Heilwirkung wie *Iris versicolor*.

Urtica urens   Brennessel, Familie Urticaceae (Brennesselgewächse)

Die Ø wird aus frisch gepflückten Nesseln hergestellt. *Urtica* bewirkt das Ausbleiben der Milch (Agalaktie) beim säugenden Tier, wobei sich auch Steinchen im Milchgang bilden können. Im allgemeinen wird Harnsäure gebildet, die Haut schwillt wie bei Nesselsucht an. Hingegen nimmt die Urinbildung ab. Die Brustdrüsen (Zitzen) vergrößern sich und sind von Ödemen umgeben. Das Mittel bietet sich bei unterschiedlichen Haut- und Nierenleiden an. Bei der Behandlung der Uraturie (Ausscheiden harnsaurer Salze mit dem Urin) dickt *Urtica* den Urin an, der nun vermehrt Urate (Salze der Harnsäure) enthält.

Ustilago maydis   Maisbrand, Familie Ustilagaceae (Maisbrandpilze)

Die Ø wird durch Verreibung des Pilzes mit Milchzucker (Laktose) gewonnen. Die Droge besitzt eine starke Affinität zu den Geschlechtsorganen, insbesondere zum Uterus. Das Tier leidet an unterschiedlich starkem Haarausfall (Alopezie), sein Fell ist trocken. Bei Blutungen aus dem Uterus ist das Blut von hellroter Farbe und teilweise geronnen. Unmittelbar nach der Geburt setzen heftige Blutungen ein. Männliche

Tiere zeigen eine erhöhte Paarungsbereitschaft (Satyriasis). Aus diesem Grund wird *Ustilago* in der Veterinärmedizin in erster Linie eingesetzt, um den Geschlechtstrieb zu steuern. Dennoch sollte seine Wirkung auf die Gebärmutter (Uterus) nicht übersehen werden.

Uva ursi   (= *Arctostaphyos uva-ursi*) Bärentraube, Familie Ericaceae (Heidekrautgewächse)

Die getrockneten Blätter und Beeren liefern das Material für die Ø. Die Wirkstoffe dieser Pflanze führen hauptsächlich zu Störungen der harnbildenden Organe. Die Harnblase entzündet sich recht häufig, der Urin enthält in diesem Fall Blut, Eiter und Schleim. Sollte sich zusätzlich die Niere entzünden, dann nur im Beckenbereich. Dort kann sich rasch eine eitrige Entzündung bilden. *Uva ursi* gilt als ein bedeutendes Mittel gegen Entzündungen von Harnblase und Nierenbecken.

Veratrum album   Weiße Nieswurz, Weißer Germer, Familie Liliaceae (Liliengewächse)

Die Ø wird aus dem Wurzelstock gewonnen. Dem Arzneimittelbild dieser Pflanze ist hauptsächlich ein völliger Zusammenbruch (Kollaps) zugeordnet. Die Gliedmaßen sind eiskalt und laufen blau an. Typische Zeichen sind ein heftiger Durchfall mit sehr flüssigem Kot und starke Erschöpfung. Die Körpertemperatur nimmt rasch ab, und der Kot verfärbt sich grünlich. Den Durchfallbeschwerden gehen starke Bauchschmerzen voraus.

Viburnum opulis Schneeball, Familie Caprifoliaceae (Geißblattgewächse)

Die Ø wird aus der frischen Rinde bereitet. Das Arzneimittelbild dieser Pflanze weist insbesondere Muskelkrämpfe auf. Aber auch die weiblichen Geschlechtsorgane sind betroffen, vorwiegend der Uterus. Sehr häufig passiert es, daß trächtige Tiere während des ersten Viertels der Schwangerschaft eine Fehlgeburt haben, was oft zu einer dauernden Unfruchtbarkeit führt. Vorzugsweise gibt man mit *Viburnum* an Tiere, die bereits mehrfach eine Fehlgeburt durchgemacht haben.

Vipera (= *Vipera berus*) Kreuzotter, Familie Viperidae (Vipern)

Die Potenzen werden aus verdünntem Schlangengift hergestellt. Das Gift bewirkt, daß die Hinterbeine erst leicht und häufig völlig gelähmt werden. Diese Symptome wandern nach oben. Nach einem Schlangenbiß schwellen Haut und Unterhautgewebe stark an, und die Zunge wird fahl. Auch die Lippen schwellen an. Die Leberfunktion ist stark gestört, so daß sich die Schleimhäute gelb verfärben. Wenn sich die Venen entzünden, wird dies von Ödemen begleitet. *Vipera* sollte immer dann verwendet werden, wenn eine Ödembildung infolge eines Venenstaus vorliegt. Das Mittel kann aber auch bei Störungen der Leberfunktion eingesetzt werden.

Zincum metallicum Zink

Die Potenzen werden aus einer Verreibung bereitet, die anschließend mit Alkohol verdünnt wird. Dieses Element löst Blutarmut (Anämie) aus und senkt die Zahl der roten Blutkörperchen (Erythrozyten). Unter Muskelzucken und Schwächeanfällen fällt das Tier häufig auf die linke Seite. *Zincum* bietet sich an, wenn bei einer Krankheit mit Blutarmut das Fieber unterdrückt wurde. Möglicherweise hilft die Arznei auch bei Erkrankungen des Gehirns, die ähnliche Symptome aufweisen.

Krankheiten

Erkrankungen von Maul und Rachen

Entzündungen im Maul (Stomatitis)

Eine Entzündung im Maulbereich kann als Folge verschiedener innerer und äußerer Faktoren entstehen.

Symptome

Das Maul erscheint rot und geschwollen, und manchmal treten Geschwüre auf. An diesen Stellen ist die Hautfläche wund, gerötet und sehr schmerzempfindlich. Immer, wenn der Speichel eitrig wird, können hier leicht Sekundärinfektionen entstehen.

Behandlung

Aconitum napellus Sollte möglichst umgehend gegeben werden, wenn die Temperatur im Anfangsstadium ansteigt, wie es häufig der Fall ist. Dosis: M10, 1mal gegeben, das sollte genügen.

Mercurius solubilis Charakteristisch ist der starke Speichelfluß. Das Maul sieht schmutzig aus, und normalerweise werden die Symptome nachts schlimmer. Dosis: D6, 3mal täglich 5 Tage lang.

Acidum nitricum Empfiehlt sich bei Geschwürbildung an der Mundschleimhaut, insbesondere in der Nähe der Lippen. Dosis: D30, 1mal täglich 10 Tage lang.

Borax Dieses Mittel wird verabreicht, wenn sich Bläschen (Vesikel) bilden und dann entzünden. Diese Bläschen gehen häufig ineinander über und platzen anschließend, wobei sie eine wunde Oberfläche hinterlassen. Die Katze sabbert sehr stark und sträubt sich gegen Abwärtsbewegungen (z. B. von einem Stuhl oder Schrank herabzuspringen). Dosis: D6, 3mal täglich 1 Woche lang.

Belladonnna Typische Symptome sind ein trockenes, rotglänzendes Maul, geweitete Pupillen sowie und einen voller, sprunghafter Puls. Die Katze fühlt sich meist sehr warm an. Dosis: M1, 1mal stündlich über 4 Stunden hinweg.

Entzündung der Zunge (Glossitis)

Gelegentlich tritt bei Katzen eine einfache Entzündung der Zunge auf. Als typisches Anzeichen erscheint die Zunge rot und glänzend. Da das Zungenepithel stark schmerzt, mag die Katze kaum Milch schlecken oder ihr Futter fressen. Mittel wie *Belladonna* M1 (3mal täglich 4 Tage lang) und *Rhus toxicodendron* M1 (in der gleichen Dosierung) können vielfach Abhilfe schaffen.

Geschwürbildende Glossitis

Diese Viruserkrankung befällt hauptsächlich junge Tiere, ganz junge Kätzchen sind jedoch selten betroffen. Die Krankheit tritt nur sporadisch auf und breitet sich gewöhnlich nicht sehr stark aus.

Symptome

Zunächst steigt die Temperatur bei gleichzeitiger Appetitlosigkeit um zwei bis drei Grad. Innerhalb weniger Stunden fließt übermäßig viel Speichel in langen, klaren Fäden, die zu Beginn schaumig, später gelegentlich klebrig sind. In den Schleimhäuten von Maul und Zunge kommt es infolge starker Durchblutung zu Stauungen, was wiederum zu Geschwürbildung (besonders an den Zungenrändern) führen kann. In schweren Fällen wuchern Geschwüre von unterschiedlicher Größe und Häufigkeit bis in den Rachen hinein. Die Läsionen beschränken sich meist auf das Maulinnere. Während der akuten Erkrankungsphase kann die Katze nur unter Schwierigkeiten fressen und saufen, ansonsten hat sie jedoch offenbar kaum Beschwerden.

Behandlung

Mercurius solubilis Dient besonders bei starkem, fädigem Speichelfluß. Allgemein sieht das Innere des Mauls belegt aus. Dosis: D6, 3mal täglich 7 Tage lang.

Mercurius corrosivus Wird vor allem in gravierenden Fällen bei starkem Speichelfluß eingesetzt, jedoch läßt das Ausmaß der Entzündung eher auf eine systemische Erkrankung schließen, z. B. ruhrartiger schleimiger Stuhl. Dosis: D30, 2mal täglich 5 Tage lang.

Borax Ein nützliches Arzneimittel, wenn sich typischerweise auffällige Geschwüre auf dem Zungenepithel oder Zahnfleisch bei gleichzeitigem starken Speichelfluß bilden. Eine Empfindlichkeit an den Füßen erkennt man eventuell daran, daß sich die Katze ihre Pfoten leckt. In der Arzneimittelprüfung wurde Angst vor Abwärtsbewegungen festgestellt; dieses Symptom kann vielleicht ausschlaggebend sein, um *Borax* anderen Mitteln vorzuziehen. Dosis: D6, 3mal täglich 10 Tage lang.

Mercurius bijodatus Diese Quecksilber-Jod-Verbindung wirkt auf das Zahnfleisch, vor allem, wenn sich die linke Seite stärker entzündet hat. Dosis: D30, 2mal täglich 6 Tage lang.

Mercurius jodatus flavus Hilft ebenfalls bei Zahnfleischentzündung, wirkt jedoch stärker auf die rechte Seite. Beide Quecksilber-Jod-Verbindungen ergaben vielfach gute Ergebnisse. Dosis: D30, 2mal täglich 6 Tage lang.

Mercurius cyanatus Das Quecksilbercyanid sollte bei schweren Entzündungen von Rachen und Mandeln verabreicht werden. Auf den Geschwüren liegt ein gräuliches Häutchen (Membran). Charakteristischerweise ist die Katze meist stark erschöpft. Dosis: D30, 1mal täglich 7 Tage lang.

Vorbeugung

Zur Vorbeugung kann man eine Nosode aus infiziertem Material (Gewebe) wie etwa Speichel oder Mandeln homöopathisch herstellen lassen. Anschließend kann diese Nosode in der Potenz D30 zusammen mit anderen Nosoden/Vakzinen gegeben werden.

Zahnfleisch-entzündung (Gingivitis)

Symptome

Das Zahnfleisch erscheint rot und geschwollen. Die Bereiche, die an die Zähne angrenzen, sind meist stärker entzündet. Der Speichelfluß ist im allgemeinen recht stark, gelegentlich können sich auch Geschwüre bilden.

Behandlung

Mercurius solubilis Hilft bei einfacher Zahnfleischentzündung mit starkem Speichelfluß. Charakteristischerweise sieht das Maul schmutzig aus, und normalerweise werden die Symptome nachts schlimmer. Dosis: D6, 3mal täglich 5 Tage lang.

Mercurius bijodatus Diese Quecksilber-Jod-Verbindung wirkt auf das Zahnfleisch, vor allem, wenn sich die linke Seite stärker entzündet hat. Dosis: D30, 3mal täglich 10 Tage lang.

Mercurius jodatus flavus Hilft ebenfalls bei Zahnfleischentzündung, wirkt jedoch stärker auf die rechte Seite. Beide Quecksilber-Jod-

Verbindungen ergaben vielfach gute Ergebnisse. Dosis: D30, 3mal täglich 14 Tage lang.

Borax Wird bei Geschwürbildung verabreicht. Die Katze bildet übermäßig Speichel und weigert sich gegen Abwärtsbewegungen (z. B. von einem Stuhl zu springen oder eine Treppe hinunterzugehen). Dosis: D6, 2mal täglich 14 Tage lang.

Mercurius corrosivus Wird in ähnlichen Fällen wie *Mercurius solubilis* verwendet, jedoch sind die Symptome gravierender. Gelegentlich leidet die Katze auch in der Nacht an einem schleimigen Durchfall. Dosis: D30, 2mal täglich 7 Tage lang.

Froschgeschwulst (Ranula)

Hierunter versteht man eine Schwellung unter der Zunge, die einer Zyste ähnelt. Eine Froschgeschwulst entsteht normalerweise, wenn der Ausgang der Unterzungenspeicheldrüsen (Glandulae submaxillaris) blockiert ist.

Symptome

Unter der Zunge bildet sich eine kugelförmige Schwellung auf einer Seite; diese kann manchmal auch beidseitig auftreten.

Behandlung

Medikamentös ist die Behandlung nicht ganz einfach, manchmal helfen aber folgende Mittel:

Apis mellifica Ist ein geeignetes Mittel, weil sich bei diesem Leiden

Ödeme bilden können. Die kranke Katze verträgt keine Wärme und hat fast nie Durst. Dosis: D6, 3mal täglich 7 Tage lang.

Mercurius solubilis Charakteristisch ist, daß auch die übrigen Speicheldrüsen (z. B. Ohrspeicheldrüsen) viel Speichel bilden. Dosis: D6, 3mal täglich 5 Tage lang.

Entzündung der Ohrspeicheldrüse (Parotitis)

Die Ohrspeicheldrüse (Parotis) entzündet sich häufig unter Kälteeinwirkung, sie kann jedoch ebenso infektiös bedingt sein, z. B. durch Katzenschnupfen.

Symptome

Die Entzündung tritt meist nur auf einer Seite auf. Die Ohrspeicheldrüse schwillt dabei an, wird hart und tut weh.

Behandlung

Aconitum napellus Wird gegeben, wenn die Parotitis durch Zugluft oder Einwirkung eines kalten Windes entstanden ist. Bei rechtzeitiger und vor allem frühzeitiger Gabe macht *Aconitum* eine weitere Behandlung unter Umständen überflüssig. Dosis: M10, 3 Gaben im Abstand von je 2 Stunden.

Belladonnna Die Drüse wird heiß und schwillt an. Gelegentlich treten Symptome des zentralen Nervensystems auf, wie etwa leichte Schlaganfälle. Die Pupillen sind geweitet, der Puls ist voll und sprunghaft. Manchmal ist die Körpertemperatur erhöht. Dosis: M1, 4 Gaben im Abstand von je 1 Stunde.

Pulsatilla Dieses Mittel ist bei rechtsseitig lokalisierten Symptomen angezeigt. Das Maul ist trocken, die Zunge weiß belegt. Dosis: D6, 3mal täglich 10 Tage lang.

Bryonia alba Wird bei Drüsenverhärtung gegeben. Ähnlich wie bei *Aconitum* ist die Parotitis durch Zugluft oder Kälte entstanden. Die Katze sträubt sich nicht, wenn man auf die Drüse drückt. Die Schleimhäute im Maul sind trocken. Dosis: D30, 2mal täglich 1 Woche lang.

Barium carbonicum Eignet sich für sehr junge, aber auch sehr alte Katzen. Eventuell sind auch die angrenzenden Mandeln entzündet. Dosis: D6, 2mal täglich 7 Tage lang.

Calcium fluoricum (syn. Calcium fluoratum) Die Ohrspeicheldrüse fühlt sich meist steinhart an, und auch die benachbarten Lymphknoten sind entzündet. Dosis: D30, eine Gabe 2mal wöchentlich 4 Wochen lang.

Phytolacca decandra Ist ein erstklassiges Heilmittel bei Drüsenerkrankungen aller Art. Die Schwellung reicht bis zum (manchmal wundroten) Rachen und verursacht Schluckbeschwerden. Die Kermesbeere ist eher für akute Leiden geeignet. Dosis: D30, 2mal täglich 10 Tage lang.

Rhus toxicodendron Ganz typisch ist, daß die linke Ohrspeicheldrüse entzündet ist. Auf der Haut um die Drüse herum bilden sich kleine

Bläschen, der Rachen wird rot und entzündet sich. Dosis: M1, 1mal täglich 10 Tage lang.

Parotidinum Diese Nosode läßt sich gut mit anderen geeigneten Mitteln kombinieren. Dosis: D30, 1mal täglich 5 Tage lang.

Entzündung des Rachens (Pharyngitis)

Diese Erkrankung wird häufig durch kalten Wind und Zugluft verursacht, gelegentlich auch durch ungewohntes Futter.

Symptome

Zunächst fällt dem Katzenhalter auf, daß seine Katze nicht mehr richtig schlucken kann. Bei einer Untersuchung stellt sich heraus, daß die Rachengegend gegen Druck empfindlich ist. Manchmal erstreckt sich die Entzündung bis zu den angrenzenden Lymphknoten bzw. bis zum Ohr.

Behandlung

Aconitum napellus Sollte möglichst umgehend gegeben werden, wenn das Fieber in der akuten Phase steigt. Dosis: M10, 3 Gaben im Abstand von je 1 Stunde.

Belladonnna Charakteristische Symptome sind geweitete Pupillen, ein starker, sprunghafter Puls und Fieber. Die Katze ist oft sehr reizbar. Dosis: M1, 4 Gaben im Abstand von je 1 Stunde.

Mercurius cyanatus Ist immer dann angezeigt, wenn sich auf dem Rachen ein membranöser Belag bildet. Gleichzeitig äußert die Katze Symptome einer allgemeinen Vergiftung. Dosis: D3, 3mal täglich 6 Tage lang.

Aesculus hippocastanum Bei einer Untersuchung erscheinen die Halsvenen geschwollen und gedehnt. Hin und wieder zeigen sich Symptome, daß die Leber nicht ordnungsgemäß arbeitet (z. B. Gelbsucht). Die Katze sträubt sich heftig dagegen, auf den Bauch gedrückt zu werden. Dosis: D30, 3mal täglich 6 Tage lang.

Lachesis Schlägt besonders gut an, wenn der Halsbereich bei äußerer Untersuchung geschwollen und druckempfindlich ist. Wenn man der Katze ins Maul schaut, kann man (im Rachen) Rötung, Schwellung und möglicherweise Blutungen feststellen. Dosis: D30, 3mal täglich 10 Tage lang.

Bryonia alba Ähnlich wie bei *Aconitum* ist die Pharyngitis durch Zugluft oder Kälte entstanden. Bei Druck auf den entzündeten Bereich geht es der Katze besser. Die Schleimhäute im Maul sind trocken. Dosis: D30, 3mal täglich 7 Tage lang.

Alumen Das Gewebe der Mandeln wird hart, jedoch verhärten auch alle Lymphknoten, die man von außen ertasten kann. Dosis: D30, 2mal täglich 10 Tage lang.

Rhus toxicodendron Charakteristisch ist die dunkelrote Verfärbung des Rachens. Die linke Seite ist offenbar stärker entzündet als die rechte. Auf Zunge und Zahnfleisch entstehen kleine Bläschen. Dosis: M1, 1mal täglich 10 Tage lang.

Erkrankungen des Verdauungssystems

Magenschleimhautentzündung (Gastritis)

Diese Entzündung kann bei Katzen vielerlei Ursachen haben. Sie entsteht z.B. durch Verstopfung mit Haarbällen oder ähnlichem Material, das von dem Tier nicht wieder hochgewürgt oder über den Darm ausgeschieden wurde.

Symptome

Die Katze wirkt unwohl, appetitlos und versucht zu erbrechen. Eine Gastritis verläuft bei Katzen relativ schwach, so daß Mittel wie *Nux vomica* D6 (3mal täglich 3 Tage lang) helfen sollten. Die Brechnuß ist eine verläßliche Arznei bei einfachen Verdauungsproblemen und wirkt auch appetitanregend. Magenschleimhautentzündungen infolge unverdauter Fremdkörper können bei Katzen gelegentlich vorkommen, sind jedoch weniger wahrscheinlich als bei Hunden. Wenn die Katze unter Schmerzen erbricht, sollte man *Phosphorus* D30 (4 Gaben im Abstand von je 2 Stunden) geben.

Darmkatarrh (Enteritis) und Durchfall (Diarrhö)

Außer der Katzenpest (Panleukopenie), die im Kapitel »Infektionserkrankungen« erwähnt wird, gibt es noch eine unspezifische Enteritis, an der junge Kätzchen erkranken. Der Kot ist locker, von heller Farbe und riecht faulig.

Behandlung

Junge Tiere mit diesen Symptomen sollten sich nach Einnahme folgender Mittel besser fühlen:
Gärtnerscher Bazillus (Bach) Diese intestinale Nosode gilt als ein provisorisches Mittel gegen Darmkatarrh bei jungen Tieren, das die Wirkung anderer Mittel lediglich unterstützt. Dosis: D30, 1mal täglich 5 Tage lang.
Colibacillinum Kann mit der *Gärtnerschen-Bazillus*-Nosode kombiniert und in gleicher Weise (Dosierung) verabreicht werden. Am besten läßt man in der Apotheke eine eigene Nosode aus dem Kot erkrankter Kätzchen herstellen.
Barium carbonicum Eignet sich als unterstützendes Mittel (Adjuvans) für sehr junge Tiere, insbesondere, wenn die Katze auf andere Therapien nur langsam anspricht. Dosis: D6, 3mal täglich 7 Tage.
China (syn. Cinchona succiruba) Gibt man meist bei starkem Verlust von Körperflüssigkeit. *China* läßt sich ebenfalls gut mit anderen Heilmitteln kombinieren. Dosis: D6, 4–5mal täglich 2 Tage lang.

Veratrum album Bei starker Verschlechterung der Krankheit, eventuell sogar bei Kollaps, sollte man zu diesem homöopathischen Mittel greifen. Der (flüssige) Kot erinnert an Reiswasser. Dosis: D30, 3mal täglich 5 Tage lang.

Podophyllum Gibt man bei langwierigen Fällen, die auf andere Arzneien nicht angesprochen haben. *Podophyllum* wirkt besonders bei jungen Tieren, deren Zustand sich morgens verschlechtert. Dosis: M1, 1mal täglich 6 Tage lang.

Verstopfung

Verstopfung kann viele Ursachen haben. Man sollte großen Wert auf eine ausgewogene Futterzusammenstellung achten. Die Kost sollte reichlich Ballaststoffe enthalten, und das Tier sollte auch in ausreichendem Maß Flüssigkeit aufnehmen. Das Leiden kann von einer allgemeinen Erkrankung herrühren; in diesem Fall sind konstitutionelle Heilmittel erforderlich.

Behandlung

Nux vomica Wirkt bei allgemeinen Verdauungsstörungen. Gelegentlich erbricht sich die Katze, wobei sie an Blähungen leidet; ihre Leber reagiert dann sehr empfindlich auf Berührung. Dosis: D6, 3mal täglich 7 Tage lang.

Alumen Häufiges Erbrechen deutet darauf hin, daß die Lymphknoten betroffen sind und auf charakteristische Weise verhärten. Dosis: D30, 1mal täglich 7 Tage lang.

Natrium chloratum (syn. Natrium muriaticum) Gilt als sehr gutes konstitutionelles Mittel für Katzen. Am Maul können sich Bläschen bilden. Die Katze ist recht schlapp und säuft sehr viel. Empfohlene Potenzen sind D6, D9 und D200, 1mal täglich 21 Tage lang.

Bryonia alba Der Kot ist hart und sieht wie verbrannt aus. Die Katze läßt sich nur ungern stören und will sich nicht von der Stelle rühren. Die Schleimhäute sind trocken. Dosis: D6, 3mal täglich 10 Tage lang.

Lycopodium clavatum Empfiehlt sich, wenn die Leber vermutlich ebenfalls verstopft ist.Die Symptome verschlimmern sich am Nachmittag. Eventuell treten Schwierigkeiten beim Atmen auf. Dosis: D12, 2mal täglich 14 Tage lang.

Dickdarmentzündung (Kolitis)

Eine Entzündung des Dickdarms ist selten, wenn man von der speziellen Katzenenteritis absieht. Die Krankheit ist durch einen chronischen Durchfall geprägt, der unterschiedlich gefärbt und beschaffen ist. Dieser Durchfall kann durch Geschwüre des Darmepithels hervorgerufen werden.

Behandlung

Je nach »Katzentypus« und je nach den auftretenden Symptomen können die folgenden Heilmittel allesamt zur Behandlung genommen werden:

Iris versicolor Hin und wieder kann zusätzlich der Rachenbereich anschwellen. Der Kot ist meist gelblich oder cremefarben. Dosis: D30, täglich 10 Tage lang.

Mercurius corrosivus Heftiges Pressen begleitet den Stuhlgang, der typischerweise schleimig ist und Blutspuren enthält. Die Krankheitssymptome verschlimmern sich zwischen Sonnenuntergang und Sonnenaufgang. Dosis: D30, 2mal täglich 7 Tage lang.

Acidum nitricum Hilft bei Verdacht auf Geschwürbildung, vor allem im unteren Dickdarm, aber auch im Mastdarm (Rektum). Dosis: D200, 3mal wöchentlich 4 Wochen lang.

Uranium nitricum Gibt man, wenn die Katze sich nach dem Saufen übergibt. Unterleibsbeschwerden werden von Blähungen begleitet. Dosis: D30, 1mal täglich 14 Tage lang.

Croton tiglium Typisch ist die heftige Darmentleerung, wobei der Kot sehr wäßrig ist. Hinzu kommen noch ein übermäßiger Juckreiz, und das Fell fühlt sich heiß an. Dosis: D200, 3mal wöchentlich 3 Wochen lang.

Ipecacuanha Dieses Mittel ist bei häufigem Erbrechen angezeigt. Es kommt als zusätzliches Atemwegssymptom – zusammen mit Unterleibsbeschwerden – gelegentlich zu reflektorischem Erbrechen. Der Kot kann blutdurchsetzt sein. Dosis: D6, 3mal täglich 10 Tage lang.

Dulcamara Wenn die Katze längere Zeit durchnäßt war, aber auch jahreszeitlich bedingt (vor allem im Herbst), sollte man dieses Mittel in Erwägung ziehen. Dosis: D200, 1mal täglich 10 Tage lang.

Colocynthis Gibt man bei Anzeichen einer schweren, sehr schmerzhaften Kolik. Die kranke Katze maunzt heftig und macht einen Buckel, manchmal rollt sie sich unter Pressen auf dem Boden. Dosis: M1, 4 Gaben im Abstand von je 1 Stunde.

Arsenicum album (syn. Acidum arsenicosum) Charakteristisch ist ein fauliger, stinkender Kot, der nach Verwesung riecht. Die Katze säuft häufig. Die Krankheit wird um Mitternacht schlimmer. Das Tier ist unruhig, hat ein trockenes Fell, erbricht sich und sucht warme Orte auf. Dosis: M1, 2mal täglich 4 Tage lang.

Mastdarmentzündung (Proktitis)

Eine Entzündung im Mastdarm kann als Folge einer akuten Dickdarmentzündung oder einer Katzenenteritis entstehen, wobei die Rektalschleimhaut stark anschwellen kann. Meist helfen Mittel wie *Nux vomica* D30 (1mal täglich 7 Tage lang) und *Ruta graveolens* D12 (3mal täglich 10 Tage lang), da beide bei Mastdarmentzündung wirken.

Wurmbefall

Wurmbefall bei Katzen sollte man mit *Filix* D3, *Granatum* D3 und *Kamala* D3 behandeln. Diese Mittel haben sich vor allem bei einer Wurmkur gegen Bandwürmer als nützlich erwiesen. Dosis: 2mal täglich 30 Tage lang.

Bei einem Befall mit Spulwürmern können *Chenopodium anthelminticum* D3 und *Granatum* D3 das Wurmproblem lösen. Die Dosierung erfolgt wie bei der Bandwurmkur.

Erkrankungen der Leber

Hepatitis

Von Zeit zu Zeit kann es bei Katzen zu einer Entzündung des Lebergewebes (Leberparenchym) kommen. Eine Hepatitis äußert sich normalerweise darin, daß die kranke Katze Gallenflüssigkeit erbricht und grauen oder lehmfarbenen Kot ausscheidet. Falls eine Gelbsucht (die nur ein Symptom ist) vorliegt, so ist der Kot goldgelb. Eine toxische Hepatitis kann entstehen, wenn die Katze versehentlich Chemikalien gefressen oder eine Überdosis synthetisierter Medikamente erhalten hat.

Behandlung
Phosphorus Die Katze scheidet lehmfarbenen Kot aus und erbricht Wasser oder andere Flüssigkeiten. Eventuell leidet sie auch an Zahnfleischbluten. Dosis: D30, 2mal täglich 6 Tage lang.

Chelidonium Typische Krankheitszeichen sind Gelbsucht, gelbe Schleimhäute und goldgelber Kot. Dosis: D30, 2mal täglich 7 Tage lang.

Lycopodium clavatum Gibt man bei stärkerer chronischer Hepatitis – vor allem bei älteren Tieren – mit Verdauungsproblemen und Blähungen. Die Symptome verschlechtern sich am späten Nachmittag. Dosis: D12, 2mal täglich 7 Tage lang, anschließend M1, 1mal wöchentlich 4 Wochen lang.

Berberis vulgaris Ist bei folgenden Symptomen angezeigt: Der Lendenbereich der Katze ist zusätzlich geschwächt, sie leidet an Gallenkolik, und der Urin riecht streng. Dosis: D30, 1mal täglich 10 Tage lang.

Chionanthus virginica Die Leber läßt sich normalerweise gut ertasten. Weitere Symptome sind Gelbsucht und ein pastenähnlicher Kot. Dosis: D6, 3mal täglich 10 Tage lang.

Zirrhose

Hierunter versteht man eine chronische Verdickung des Lebergewebes, die zu einer Verhärtung führt. Die verhärtete Leber ist dann von außen tastbar. Leberzirrhose kommt bei Katzen relativ häufig vor. Symptome sind u. a. Verstopfung, Erbrechen und (bei schwerer Zirrhose) große Flüssigkeitansammlungen in der Bauchhöhle. Letztere entstehen durch Störungen im Pfortadersystem.

Behandlung
Carduus marianus Wirkt nachweislich positiv bei Leberzirrhose. Von seiner ganzen Verfassung her ist das Tier viel wacher und interessiert

sich stärker für seine Umgebung und sein Futter. Dosis: D30, 2mal täglich 14 Tage lang.

Phosphorus Ist dann angezeigt, wenn die Katze aufgenommenes Futter oder Wasser direkt wieder erbricht. *Phosphorus* wirkt sehr tief auf die Arbeitsweise der Leber. Dosis: D200, 2mal täglich 4 Wochen lang.

Lycopodium clavatum Gibt man älteren Tieren, deren Symptome sich am späten Nachmittag und frühen Abend verschlechtern. Der Kot ist gewöhnlich trocken und glänzend. Dosis: D200, 3mal wöchentlich 3 Wochen lang.

Berberis vulgaris Regt den Pfortaderkreislauf an und verringert dadurch die Flüssigkeit in der Bauchhöhle. Gleichzeitig wirkt die Berberitze positiv auf die Nieren. Dosis: D30, 1mal täglich 10 Tage lang.

Ptelea Dieses Mittel ist zwar weniger bekannt, hat jedoch eine positive Wirkung auf die Leber. *Ptelea* wirkt als sog. »Purgiermittel«, indem es den Körper von Schlackstoffen reinigt. Das Mittel ist daher bei solchen Erkrankungen von Bedeutung, wo die Leber (das eigentliche »Reinigungsorgan«) nicht mehr ordnungsgemäß arbeitet. Dosis: D30, 2mal täglich 14 Tage lang.

Gelbfettkrankheit

Diese Krankheit ist nicht mit Gelbsucht zu verwechseln. Vielmehr handelt es sich um ein Leiden, das auf Fehlernährung beruht, weil die Katze zuviel Fischtran oder fetten Fisch (z. B. Dorsch, Thunfisch) gefressen hat. Gelbfettkrankheit ist heutzutage relativ selten geworden.

Symptome

Die Katze mag nicht hochgenommen werden und wird von Apathie und Bewegungsunlust befallen. Häufig hat das Tier keinen Appetit, und seine Temperatur steigt. Die Katze sträubt sich gegen Berührung im Bauchbereich, wo sich gelegentlich kleine Fettknubbel ertasten lassen.

Behandlung

Zunächst sollte die Katze keinen Fisch mehr zu fressen bekommen. Anschließend gibt man:

Bryonia alba Eignet sich in denjenigen Fällen, wenn es der Katze in Ruhe besser geht. Dosis: D6, 3mal täglich 3 Tage lang.

Aconitum napellus Wird im Frühstadium gegeben, wenn die Temperatur ansteigt. *Aconitum* senkt das Fieber und beugt einer Schockgefahr vor. Dosis: M1, 4 im Abstand von je 1 Stunde.

Nux vomica Wirkt appetitanregend und beseitigt daher die Appetitlosigkeit. Dosis: D6, 3mal täglich 5 Tage lang.

Calcium fluoricum (syn. Calcium fluoratum) Diese Arznei fördert den Abbau der entstandenen Fettknötchen. Dosis: D6, 3mal täglich 7 Tage lang.

Silicea (syn. Acidum silicicum) Wenn die Krankheit chronisch wird und die Fettknötchen verhärten, sollte *Silicea* Abhilfe verschaffen. Dosis: D200, 2mal wöchentlich 6 Wochen lang.

Erkrankungen der Milz

Erkrankungen der Milz werden bei Katzen normalerweise durch das Katzenleukämie-Virus hervorgerufen (siehe Katzenleukämie). Ein spezielles Heilmittel, das die Arbeit der Milz fördert, ist *Ceanothus americanus*. Eine *Ceanothus*-Behandlung (als D30, 1mal täglich 14 Tage lang) kann bei Verdacht auf Milzerkrankung (oder bei sicherer Diagnose) nützlich sein.

Erkrankungen der Bauchspeicheldrüse (Pankreas)

Die beiden Funktionen des Pankreas, nämlich die Bildung von Verdauungsenzymen und seine hormonelle Funktion (z. B. Insulin) müssen unterschieden und als getrennte Einheiten behandelt werden.

Störung der Enzymproduktion

Hauptsächlich geht es um das Verdauungsenzym Trypsin und seine Funktion bei der Verdauung von Proteinen. Der Krankheitsverlauf kann akut oder chronisch sein.

Symptome

Bei einer erkrankten Katze kann eines, eventuell auch alle folgenden Symptome erkennbar sein: ständiger Durchfall mit gelblichem Kot, der aufgrund des Fettgehalts so gefärbt ist, ein Mordsappetit und gelegentlich sehr voluminöser Kot, der unverdaute Nahrung enthält. Bei länger andauernder Pankreatitis verliert die Katze an Kondition.

Akute Pankreaserkrankung

Behandlung

Iris versicolor Der Kot ist wäßrig und hell, manchmal grünlich. Die Katze hat starke Schmerzen im Unterleib. Dosis: D6, 3mal täglich 5 Tage lang, anschließend D30, 3mal wöchentlich 4 Wochen lang.

Atropinum Das Alkaloid aus der Tollkirsche wirkt selektiv auf die Bauchspeicheldrüse und ist bei trokkenem Maul und Schluckbeschwerden angezeigt. Die Katze fühlt sich wohler, wenn sie sich übergeben hat, und ist in der Nabelgegend äußerst berührungsempfindlich. Dosis: D6, 3mal täglich 7 Tage lang.

Chionanthus virginica Dieses »Pankreas-Allheilmittel« ist bei Leberstörungen angezeigt, die durch lehmfarbenen Kot und einer Sensibilität im Bereich der Leber charakterisiert sind. Die Katze hat starke Schmerzen im Unterleib. Dosis: D30, täglich 10 Tage lang.

Jodum Gibt man bei durchweg schaumigem, fettigem Kot. Jod eignet sich eher für magere, aber durchaus verfressene Tiere mit trockenem Fell. Dosis: D30, täglich 2 Wochen lang.

Gärtnerscher Bazillus (Bach) Diese intestinale Nosode schlägt besonders gut bei jungen Katzen an und fördert die Wirkung anderer Mittel. <u>Dosis:</u> D30, täglich 5 Tage lang.

Pancreatinum Diese Nosode läßt sich hervorragend mit anderen Arzneien kombinieren. <u>Dosis:</u> D30, 1mal täglich 7 Tage lang.

Chronische Pankreaserkrankung

Eine chronisches Leiden der Bauchspeicheldrüse kann durch eine faserige Verhärtung des Pankreasgewebes zustandekommen und manchmal infolge einer akuten Erkrankung entstehen.

Symptome

Der Appetit bleibt gewöhnlich erhalten und wird in vielen Fällen noch gesteigert. Trotzdem verliert das Tier stetig an Gewicht. Der Durst ist gleichfalls gesteigert. Charakteristischerweise wird ein sehr voluminöser, grauer Kot von fettiger Konsistenz ausgeschieden. Die Katze hat gelegentlich, aber nicht immer Bauchschmerzen.

Behandlung

Jodum Eignet sich für gefräßige Katzen, die nicht an Gewicht zunehmen können. Die Tiere sind mager und besitzen ein trockenes, rauhes Fell. Der Kot ist schaumig und enthält Fetttröpfchen. Die Lymphknoten sind häufig hart und kleiner als gewöhnlich. <u>Dosis:</u> D30, 1mal täglich 14 Tage lang.

Silicea (syn. Acidum silicicum) Wird bei Verdacht auf eine faserige Gewebsverhärtung verabreicht. *Sili-cea* kann Narbengewebe oder Fasergewebe ganz erheblich abbauen. <u>Dosis:</u> D200, 2mal wöchentlich 6 Wochen lang.

Barium carbonicum Ist ein geeignetes Heilmittel für ältere Katzen. Häufig sind die Mandeln vergrößert, wodurch es zu Schluckbeschwerden kommt. Die Katze muß sich oft in unregelmäßigen Abständen erbrechen. <u>Dosis:</u> D6, 2mal täglich 1 Woche lang.

Apocynum cannabinum Ist bei Wassersucht angezeigt z. B. Aszites. Das Tier ist sehr durstig und erbricht sich häufig. <u>Dosis:</u> D3, 1mal täglich 14 Tage lang.

Phosphorus Sollte man geben, wenn zusätzlich eine Hepatitis vorliegt. Der Kot ist lehmfarben und von körniger Konsistenz. Futter und Wasser werden unmittelbar nach der Aufnahme erbrochen. Auf den Schleimhäuten im Maul erkennt man kleine Blutungen. <u>Dosis:</u> D200, 3mal wöchentlich 4 Wochen lang.

Hormonelle Störungen – Diabetes mellitus (Zuckerkrankheit)

Derartige Störungen kommen manchmal bei älteren Katzen vor, insbesondere bei kastrierten Katern. Dabei handelt es sich um eine Funktionsstörung der Langerhansschen Inseln (dem hormonbildenden Bereich der Bauchspeicheldrüse), die normalerweise das Hormon Insulin absondern. Hierdurch entsteht Insulinmangel. Insulin wird für den Kohlenhydrat-Stoffwechsel benötigt.

Symptome

Charakterisch ist, daß die »zucker-kranke« Katze vermehrt säuft und Harn abschlägt. Sehr oft magert das Tier dann ab, und gelegentlich ent-steht eine Linsentrübung (Grauer Star), jedoch seltener als bei Hun-den.

Behandlung

In schweren Fällen muß der Insulin-mangel durch gezielte Gabe dieses Hormons ausgeglichen werden. Leichtere Erkrankungen reagieren positiv auf eine ausgewogene Diät in Verbindung mit folgenden homöo-pathischen Mitteln, die die Arbeits-weise der Bauchspeicheldrüse steu-ern können:

Syzygium Wirkt sich positiv auf die Bauchspeicheldrüse aus. Eine anfängliche Kur muß eventuell nach einem Zeitraum von ungefähr 2 Wo-chen wiederholt werden. Anschlie-ßend sollte man die weitere Entwick-lung des Tieres regelmäßig kontrol-lieren. Dosis: D1 oder D3, 3mal täg-lich 21 Tage lang.

Uranium nitricum Hilft bei all-gemeinen Ödemen und Abmage-rung. Außerdem muß die Katze ver-mehrt Wasser lassen, ihre Schleim-häute trocknen aus, und ihr Unter-leib ist aufgebläht. Dosis: D30, 3mal wöchentlich 6 Wochen lang.

Iris versicolor Der Kot ist locker und hell. Auch *Iris* hat eine wohltu-ende Wirkung auf die Bauchspei-cheldrüse. Dosis: D30, 1mal täglich 14 Tage lang.

Reisekrankheiten

Reisekrankheiten werden am Ende dieses Kapitels abgehandelt, da ihre Symptome sich meist im Magen-Darm-Trakt auswirken. Dieses un-angenehme Leiden kommt glück-licherweise bei Katzen seltener vor als bei Hunden, tritt gelegentlich aber dennoch einmal auf. Wenn eine Katze in einem Fahrzeug transpor-tiert wird und dabei – infolge der Fahrtbewegung – Symptome wie Unbehagen oder Übelkeit auftau-chen, so spricht man von einer Reise-krankheit. Diese Symptome können bei Flug- und Seereisen auftauchen, sind jedoch bei Fahrten mit dem Au-to viel häufiger.

Symptome

Kurz nach Beginn der Fahrt wird die Katze sichtlich unruhig, und es treten Symptome wie Hecheln, starker Speichelfluß und Erbrechen auf. Gelegentlich kommt es auch zu Darmentleerungen. Appetitlosigkeit und Unruhe können auch noch eini-ge Zeit nach Beendigung der Reise andauern, gelegentlich – wie beim Menschen – von Brechreiz begleitet.

Behandlung

Mit Katzen sollte man nicht unmit-telbar nach einer Mahlzeit Autofahr-ten bzw. Flugreisen unternehmen. Am besten setzen Sie das Tier auf den Boden des Fahrzeugs, so daß es nicht aus dem Fenster sehen kann, da sehr wahrscheinlich schnell vor-beiziehende optische Reize die Sym-ptome auslösen. Ein ideales Mittel ist *Cocculus* in den Potenzen D6 und

D30, das man am besten in ein oder 2 Gaben kurz vor Antritt der Reise verabreicht, um einer Übelkeit vorzubeugen. Andere nützliche Mittel sind *Petroleum* D30, da vielen Katzen offenbar durch Benzingeruch schlecht wird, sowie *Tabacum* D30, das sich besonders bei Seekrankheit eignet. *Ipecacuanha* D30 gibt man bei häufigem Erbrechen und zusätzlichem Schwindel, während *Apomorphinum hydrochloricum* D6 bei sehr schwerem, lang anhaltendem Erbrechen geeignet ist, das sehr plötzlich einsetzt und von starkem Speichelfluß begleitet wird.

Erkrankungen der Harnwege

Bei Katzen, insbesondere bei älteren Tieren, kommen unterschiedliche Erkrankungen von Nieren und Blase recht häufig vor. Kater und weibliche Katzen sind hiervon mit gleicher Häufigkeit betroffen. Am Ende einer Nierenerkrankung, die sich nicht behandeln läßt, entsteht eine Harnvergiftung (Urämie). Das Nierengewebe ist dann nicht mehr in der Lage, die Abfallprodukte und Giftstoffe des Stoffwechsels aus dem Blut herauszufiltern.

Nichteitrige oder interstitielle Nierenentzündung

Akute Nierenentzündung

Diese Entzündung kann infolge einer Infektion mit Viren oder Bakterien auftreten.

Symptome

Die Symptome können innerhalb ganz kurzer Zeit auftreten. Appetit und Gemüt der Katze sind gestört. Meist ist sie sehr durstig und erbricht sich eventuell. Im Frühstadium steigt häufig die Temperatur an. Das Tier krümmt den Rücken und ist im Lendenbereich druckempfindlich. Es bewegt sich mit steifen Gliedern und läßt nur spärlich Harn.

Behandlung

Aconitum napellus Sollte nach Möglichkeit ganz zu anfangs gegeben werden. Eisenhut beseitigt innerhalb kurzer Zeit die auftretenden Angstzustände und Schmerzen. <u>Dosis</u>: M10, 3 Gaben stündlich.
Apis mellifica Hilft (in akuten Fällen) immer dann, wenn die Katze nicht durstig ist und Wärme nicht gut verträgt. *Apis* fördert das Harnlassen und trägt zum allgemeinen Wohlbefinden bei. <u>Dosis</u>: M10, 4 Gaben stündlich.
Arsenicum album (syn. Acidum arsenicosum) Gibt man, wenn das Tier unruhig ist und nur kleine Schlückchen Wasser säuft. Gegen Mitternacht werden die Symptome schlimmer. Gelegentlich erbricht

sich die Katze und scheidet lockeren Kot aus. Dosis: M1, 3mal täglich 3 Tage lang.

Belladonnna Charakteristisch sind Symptome einer Störung des zentralen Nervensystems mit geweiteten Pupillen und erhöhter Temperatur. Die Katze scheidet weniger Urin aus, dieser ist rotbraun gefärbt. Dosis: D200, 2mal täglich 4 Tage lang.

Cannabis sativa Die Katze verspürt offenbar einen häufigen Drang, Harn zu lassen, kann jedoch nur wenig Urin ausscheiden. Dieser enthält Schleim, Eiter und eventuell auch Blutspuren. Manchmal miaut und maunzt die Katze vor Schmerzen. Dosis: D30, 3mal täglich 3 Tage lang.

Chimaphila umbellata Typisch ist, daß die Katze geringe Mengen dunklen Urins ausscheidet, welcher einen Niederschlag enthält. Bei Bewegung nehmen die Symptome ab. Dosis: D30, 3mal täglich 5 Tage lang.

Berberis vulgaris Wird verabreicht, wenn das Tier den Rücken krümmt (Buckel) und bei Druck auf den Lendenbereich empfindlich reagiert. Wenn sich das Tier bewegt, verschlimmern sich die Symptome. Der Urin ist dunkelgelb, was auf eine Leberfunktionsstörung hinweist; Lebersymptome sind auch in der Arzneiprüfung der Berberitze dokumentiert. Dosis: D30, 3mal wöchentlich 7 Tage lang.

Oleum terebinthinae (syn. Terebinthina) Charakteristischerweise verschwinden Anzeichen von Unwohlsein, sobald sich das Tier bewegt. Sie läßt häufiger Harn, dieser enthält Blut und riecht süßlich. Dosis: D200, 2mal täglich 7 Tage lang.

Urtica urens Fördert die Ausscheidung des Urins und schädlicher Abfallstoffe. Auf der Haut kann es gelegentlich zu Nesselsucht kommen. Dosis: D6, 3mal täglich 10 Tage lang.

Serum anguillae Wirkt sehr stark auf das Nierengewebe und wird gegeben, wenn das Tier seinen Harn verhält. Aalserum fördert in akuten Fällen den Urinfluß. Der Urin hat einen erhöhten Eiweißgehalt (Albumin). Dosis: D30, 3mal täglich 3 Tage lang.

Chronische Nierenentzündung

Die chronische Form der nichteitrigen (interstitiellen) Nierenentzündung ist ein fortschreitendes Leiden, das vornehmlich bei allen älteren Katzen (vor allem, wenn sie älter als 12 Jahre sind) in unterschiedlicher Stärke auftreten kann.

Symptome

Die Katze verliert stark an Gewicht, des öfteren entzündet sich auch ihr Maul (Stomatitis). Das Tier erbricht sich und ist sehr durstig. Die Katze scheidet große Mengen blassen und wäßrigen Urins aus, der ein niedriges spezifisches Gewicht besitzt. Dies deutet darauf hin, daß vermehrt feste Substanzen (Abfallstoffe, Mineralien) im Nierengewebe zurückgehalten werden (das heißt, die Niere filtert zu stark). Die Katze trocknet stetig aus (Dehydrierung), ihr Fell ist struppig und trocken. Vereinzelt können Ekzeme auftreten.

Behandlung

Arsenicum album (syn. Acidum arsenicosum) Sollte verabreicht werden, wenn die Katze stark dehydriert, sehr durstig ist und ein ausgetrocknetes, struppiges Fell hat. Das Tier wird von Juckreiz befallen, gegen Mitternacht werden die Symptome schlimmer. Dosis: D30, 3mal täglich 10 Tage lang.

Chininum sulfuricum Gibt man, wenn die Katze große Mengen blassen, sehr wäßrigen und säuerlich riechenden Urins ausscheidet. Gelegentlich treten Hautausschlag und Blähungen im Unterleib (Abdomen) auf. Dosis: D6, 3mal täglich 14 Tage lang.

Colchicum autumnale Die Katze hat steife Gelenke, sie mag sich nicht bewegen und scheidet sehr viel dunkelbraunen Harn aus. Eventuell ist auch der Unterleib gebläht. Dosis: D30, 3mal täglich 14 Tage lang.

Natrium chloratum (syn. Natrium muriaticum) Auch bei Anwendung dieses Mittels werden häufig große Mengen Urin ausgeschieden, vor allem nachts. Läsionen im Maulbereich, z. B. oberflächliche Geschwüre und Bläschen, kommen sehr oft vor. Das Tier kratzt sich am Hals oder reibt diesen beispielsweise an Möbelstücken. Erfahrungsgemäß sprechen die meisten Katzen gut auf dieses exzellente Heilmittel (insbesondere in Hochpotenzen) an. Dosis: D200, 3mal wöchentlich 4 Wochen

lang, anschließend M10 und M100 (in der gleichen Dosierung).

Mercurius corrosivus Wird immer dann gegeben, wenn die Katze unter starkem Pressen sehr viel Harn ausscheidet; gelegentlich beobachtet man noch einen schleimigen Durchfall. In der Zeit von Sonnenuntergang bis Sonnenaufgang verschlimmern sich die Symptome. Dosis: D30, 3mal täglich 7 Tage lang.

Phosphorus Hat einen heilenden Einfluß auf das Nierengewebe. Typisch ist wieder die erhöhte Urinausscheidung; nebenbei können leichte Blutungen am Zahnfleisch auftreten. Unmittelbar nach dem Fressen bzw. Saufen bricht die Katze Futter und Wasser wieder aus. Dosis: D30, 2mal täglich 7 Tage lang.

Nierenbecken- und Nierenentzündung (Pyelonephritis)

Diese Krankheit kann entstehen, wenn der Harnfluß gehemmt ist. Dadurch bedingt findet man Blut und Eiter im Urin. Bei einer bakteriellen Pyelonephritis wird die Krankheit durch das Bakterium *Corynebacterium renale* ausgelöst. Bei dieser Art der Infektion entsteht meist gleichzeitig eine sekundäre Blasenentzündung. An dieser Krankheit erkranken weibliche Katzen häufiger.

Behandlung

Wenn die Pyelonephritis noch nicht allzu weit fortgeschritten ist, helfen die folgenden Arzneien:

Hepar sulfuris Gilt als wichtigste Arznei zur Bekämpfung einer eitrigen Infektion. Zur Behandlung sollten verschiedene Potenzen verwendet werden. Dosis: zunächst D30, 1mal täglich 7 Tage lang, anschließend D200, 3mal wöchentlich 4 Wochen lang.

Mercurius corrosivus Gibt man bei Symptomen im Unterleib wie schleimig-blutigem Durchfall, der sich nachts verschlimmert. Urin und Eiter sind oft grünlich verfärbt. Dosis: D30, 3mal täglich 7 Tage lang.

Pareira Wird verabreicht, wenn die Katze beim Urinieren hart pressen muß, wobei Schleim und Eiter aus der Harnröhre fließen. Der Nierenbereich ist sehr empfindlich, der Urin riecht oft sehr intensiv. Die Katze hat Schwierigkeiten beim Harnlassen und muß dazu tief in die Hokke gehen. Dosis: D6, 3mal täglich 10 Tage lang.

Uva ursi Charakteristische Symptome sind ein dunkelgrünlicher, außerordentlich stark riechender Urin, der richtig blutig ist, und heftiges Pressen beim Wasserlassen. Dosis: D6, 1mal täglich 10 Tage lang.

Colibacillinum Möglicherweise entstehen bei einer Nierenentzündung auch Infektionen, die durch das Darmbakterium *Escherichia coli* hervorgerufen werden. In solchen Fällen kann diese Nosode in der Dosierung D30 (1mal täglich 5 Tage lang) problemlos mit allen oben erwähnten Heilmitteln kombiniert werden.

Nichtentzündliches Nierenleiden (Nephrose)

Bei dieser Krankheit handelt es sich um einen Abbauprozeß der Nierenkanäle mit anschließendem Gewebstod (Nekrose). Die sog. Nierentubuli, in denen der Harn gebildet und weitergeleitet wird, können durch Ablagerungen verstopft werden. Gewöhnlich sind Giftstoffe an der Ausbildung der Krankheit beteiligt, vor allem Chemikalien und Sekundärprodukte aus infizierten Wunden oder Verbrennungen.

Symptome

Im Anfangsstadium wird nur wenig Harn ausgeschieden, in schweren Fällen (bei Verstopfung der Nierentubuli durch kristalline Zylinder) wird gar kein Urin ausgeschieden. Im nächsten Stadium kommt es zu einer erhöhten Ausscheidung von Urin, der nun auch Blutkörperchen und Proteine (Albumin) enthält. Eine genaue Diagnose ist von der Laboranalyse des Urins abhängig. Messungen des spezifischen Gewichts und andere Tests geben Aufschluß über das Problem.

Behandlung

Hierbei greift man vor allem zu konstitutionellen Mitteln, die auf das Nierengewebe wirken.

Plumbum metallicum Metallisches Blei gilt als außerordentlich nierenschädigend, weswegen es in der Homöopathie verwendet wird, um weitere Nierenschäden zu verhindern. Bei gleichzeitigem Muskelschwund kommt es oft zu einer doppelseitigen Lähmung (Paraplegie). Dosis: D30, 2mal täglich 14 Tage lang.

Phosphorus Auch dieses Element gilt als nierenschädigende Substanz und ruft Zelltod (Nekrose) zusammen mit Begleiterscheinungen wie Erbrechen und Kapillarblutungen hervor. Dosis: D30, 2mal täglich 14 Tage lang.

Solidago virgaurea Gibt man im frühen Abbaustadium, wenn der dunkle, rotbraune Urin viel Sediment und Phosphate enthält. Offenbar sprechen Kater besser auf dieses Mittel an. Dosis: D6, 3mal täglich 14 Tage lang.

Thuja occidentalis Gilt als ein gutes Aufbaumittel. Manchmal ist der Urin schaumig und enthält trübes Sediment. Die Katze zeigt, daß sie Blasenschmerzen hat, indem sie sich in diesem Bereich leckt. Wenn die Hauptmenge des Harns abgegeben ist, tröpfelt häufig noch eine kleine Menge nach. Dosis: D6, 3mal täglich 14 Tage lang.

Arsenicum album (syn. Acidum arsenicosum) Ist ebenfalls ein gutes Stärkungsmittel für Katzen mit trockenem Fell, Durchfall und Hautreizungen. Dosis: D6, 3mal täglich 10 Tage lang.

Mercurius corrosivus Eignet sich für Tiere mit trockener, ekzembedeckter Haut, begleitet von schleimigem Durchfall. *Mercurius corrosivus* wirkt sehr stark auf das Nierengewebe, und zwar sowohl als Hochpotenz als auch als Tiefpotenz. Dosis: D6, 3mal täglich 10 Tage lang.

Harnsteinleiden (Urolithiasis)

Diese Krankheit entsteht durch eine Veranlagung (Konstitution). Sie endet meist mit der Bildung von Nierensand und Nierengrieß, die sich im Nierenbecken und in der Blase ablagern. Dieser Grieß verbindet sich zu Steinen (Konkrementen). Man findet sie fast immer in der Blase. Urolithiasis kommt bei Katern wesentlich häufiger vor.

Blasen- und Nierensteine bestehen überwiegend aus Phosphaten und werden infolge eines basischen (alkalischen) Urins gebildet. Dieser kann die harnbildenden Organe für eine Infektion empfänglich machen. Steine aus Zystin oder Urat sind hingegen seltener und beruhen auf genetischen Defekten, wie sie häufig bei bestimmten Rassen vorkommen.

Symptome

Als erstes Symptom stellt man gewöhnlich Blut und Eiter im Urin fest. Je nachdem, wie weit die Steinbildung bereits fortgeschritten ist, scheidet die Katze entweder dickflüssigen Urin mit schweren Sedimenten aus, oder sie hat offensichtliche Probleme beim Harnlassen. Das Tier maunzt vor Schmerzen und beleckt den schmerzhaften Bereich mit der Zunge. Das Urinieren bereitet der Katze Schmerzen und Unbehagen; der Harn wird meist tropfenweise ausgeschieden.

Behandlung

Wenn sich erst einmal große Steine gebildet haben, können sie nur noch chirurgisch entfernt werden. Im Frühstadium jedoch, wenn der Nierengrieß noch nicht zu Steinen zusammengewachsen ist, gibt es eine Reihe nützlicher Arzneien, die eine Verschlechterung verhindern und in einigen Fällen den Nierengrieß sogar auflösen können. Besonders wirksam sind dabei folgende Mittel:

Lycopodium clavatum Stärkt die Leber und unterstützt den Stoffwechsel dieses Organs, da eine Fehlfunktion oft zu Steinbildung führen kann. Typische *Lycopodium*-Katzen sind häufig dünn und sehen verhutzelt aus. Wenn man den Urin dieser Tiere stehen läßt, färbt er sich rötlich. Dosis: D12, 2mal täglich 21 Tage lang.

Berberis vulgaris Wirkt auf die gleiche Weise wie *Lycopodium* und sollte bei Empfindlichkeit im Lendenbereich und bei gelblicher Verfärbung des Urins gegeben werden. Dosis: D12, 2mal täglich 21 Tage lang.

Hydrangea arborescens Sorgt bei regelmäßiger Einnahme dafür, daß keine Steine entstehen. *Hydrangea* unterstützt aber auch die Auflösung von Nierengrieß, der nun leichter ausgeschieden werden kann. Der Urin enthält abwechselnd weiße Salze und gelben Nierengrieß. Dosis: D30, 1mal täglich 21 Tage lang.

Epigea repens Typische Symptome für *Epigea* sind Harnablagerungen, die überwiegend aus Harnsäure bestehen und bräunlich sind. Das Wasserlassen gelingt nur unter starkem Pressen. Dosis: D6, 3mal täglich 14 Tage lang.

Acidum benzoicum e resina Auch hierbei werden Ablagerungen aus Harnsäure gebildet; im Gegensatz zu *Epigea* besitzt der Urin jedoch einen unangenehmen, schweren Geruch. Aus der Harnröhre fließt ein schleimiges Sediment. Dosis: D6, 3mal täglich 10 Tage lang.

Capsella bursa-pastoris Dieses Mittel sollte immer dann verabreicht werden, wenn zuviel Phosphat gebildet wird. *Capsella* löst Nierengrieß schnell auf, und im Harn wird verstärkt ein ziegelrotes Sediment gebildet. Dosis: D6, 3mal täglich 14 Tage lang.

Urtica urens Auch diese Arznei verdickt den Urin. Gleichzeitig verhindert sie die Steinbildung durch Entfernung der basischen Salze. *Urtica* vermehrt außerdem die Harnmenge. Gelegentlich kann es in einigen Hautbereichen zu einer Nesselsucht kommen. Dosis: D6, 3mal täglich 10 Tage lang.

Calcium phosphoricum Dieses Stärkungsmittel reguliert den Kalzium- und Phosphorstoffwechsel und beugt hierdurch der Bildung von Phosphaten (und somit auch Steinen) vor. Routinemäßig kann das Mittel allen jungen Katzen gegeben werden, die nicht älter als zwei Jahre sind. Dosis: D30, 1mal wöchentlich 8 Wochen lang. Diese Behandlung kann zur Sicherheit alle 2 Wochen wiederholt werden.

Lithium carbonicum Charakteristisch für dieses Mittel ist ein flockiger, recht trüber Harn mit viel Schleim und einem dunkelbraunen Sediment. Dosis: D6, 3mal täglich 14 Tage lang.

Ocimum canum Gibt man, wenn sich bereits grießartiges Sediment gebildet hat und der hellrote Urin intensiv nach Moschus riecht. Wenn man den Urin stehen läßt, bildet sich ein ziegelrotes Sediment. <u>Dosis:</u> D30, 1mal täglich 14 Tage lang.

Blasenentzündung (Zystitis)

Eine Entzündung der Harnblase kommt recht häufig vor und befällt Katzen aller Altersgruppen und Rassen. Sie wird immer bakteriell verursacht, wobei die häufigsten Erreger das Darmbakterium *Escherichia coli* sowie einige *Proteus*-Arten sind. Eine Zystitis kann akut und chronisch verlaufen.

Akute Blasenentzündung

Symptome

Bei einer akuten Zystitis ähneln die Symptome denen eines Blasensteinleidens. Beim Wasserlassen muß die Katze heftig pressen, wobei sie tief in die Hocke geht. Der Urin wird unter großen Schwierigkeiten ausgeschieden und enthält Blut. Oft maunzt das Tier vor Schmerzen. Im Anfangsstadium steigt die Temperatur an. Die prall gefüllte Blase läßt sich leicht ertasten, man sollte jedoch vorsichtig vorgehen, da die Blasenwand in Extremfällen reißen kann. Bei einer chronischen Erkrankung sind die genannten Symptome etwas schwächer ausgeprägt, und die Katze hat wesentlich weniger Beschwerden.

Bei Katern kann der Penis ausgefahren sein. Die Blasenwand verdickt sich und kann von außen ertastet werden.

Behandlung

Aconitum napellus Sollte so früh wie möglich gegeben werden, da es Streß und Angst vertreibt. <u>Dosis:</u> M10, 5 Gaben im Abstand von je ½ Stunde.

Cantharis Gilt als das beste Mittel in akuten Fällen. Die Katze preßt beim Wasserlassen sehr stark, der Urin enthält viel Blut. <u>Dosis:</u> M10, 3mal täglich 3 Tage lang.

Chimaphila umbellata Auch hier preßt die Katze beim Wasserlassen sehr stark, jedoch ist der dunkelgrüne Urin eher schleimig als blutig und riecht ausgesprochen streng. <u>Dosis:</u> D6, 3mal täglich 5 Tage lang.

Copaiva Der Urin hat einen süßlichen Geruch und sieht schaumig aus. Kater belecken häufig ihren Penis. Die Tiere leiden an häufigem Harndrang. <u>Dosis:</u> D6, 3mal täglich 10 Tage lang.

Camphora Der Urin wird langsam ausgeschieden und ist gelbgrün. Wenn man ihn länger stehen läßt, setzt sich ein rötliches Sediment ab. <u>Dosis:</u> D30, 2mal täglich 5 Tage lang.

Chronische Blasenentzündung

Eine chronische Blasenentzündung entsteht als Folge einer akuten Zystitis.

Symptome

Die Blase verdickt sich und fühlt sich wie aus Leder an, und die Katze hat ständig Beschwerden. Sie muß häufig Harn lassen, der Urin wird jedoch nur in kleinen Tropfen ausgeschieden.

Behandlung

Viele Mittel, die bei akuter Zystitis helfen, lassen sich auch bei einer chronischen Erkrankung verwenden. Außerdem kann man zu folgenden Mittel greifen:

Equisetum Nach dem Harnlassen, das sehr oft und besonders nachts geschieht, geht es der Katze nicht besser. Dosis: D30, 1mal täglich 10 Tage lang.

Eupatorium purpureum Gibt man bei Harnsteinen und Urin mit hohem Eiweißgehalt (Albumin). Dosis: D6, 3mal täglich 14 Tage lang.

Pareira Wird bei starker Verdickung der Blasenmuskulatur verabreicht. Der Urin riecht nach Ammoniak. Läßt man ihn stehen, lagert sich Schleim in ihm ab. Dosis: D6, 3mal täglich 14 Tage lang.

Causticum Hahnemanni Im akuten Stadium empfiehlt sich dieses Mittel nach *Cantharis* an zweiter Stelle, insbesondere bei älteren Tieren. Die Entzündung ist rezidivierend, das heißt, es kommt immer wieder zu Rückfällen. Dosis: D30, 1mal täglich 14 Tage lang.

Oleum terebinthinae (syn. Terebinthina) Ein süßlicher Geruch und Blut im Urin sind charakteristische Symptome. Bei Bewegung geht es der Katze besser. Dosis: D200, 3mal wöchentlich 4 Wochen lang.

Uva ursi Die Katze leidet an Schmerzen oder Beschwerden im gesamten Genitalbereich und scheidet gleichzeitig einen grünlichen, schleimig-eitrigen Urin aus, der Blutspuren enthält. Nach dem Urinieren nehmen die Schmerzen nicht ab. Dosis: D6, 3mal täglich 14 Tage lang.

Blut im Harn (Hämaturie)

Blutspuren im Urin sind für gewöhnlich auf irgendeine Störung der Harnwege zurückzuführen. Diese kann z. B. eine akute Blasenentzündung oder ein Steinleiden, aber auch eine Nierenbeckenerkrankung sein. Zunächst sollte man bei der Behandlung die primäre Ursache berücksichtigen. Wenn beispielsweise die Ursache einer Hämaturie unklar ist, kann man *Oleum terebinthinae* (syn. *Terebinthina*) D200 geben. Alternative Mittel sind *Ficus religiosa* D6, *Millefolium* D30 und *Crotalus horridus* M1. Dosis: 1mal täglich 10 Tage lang.

Harnblasenlähmung

Eine solche Lähmung tritt meist nach einer Verletzung in der Beckengegend auf, wodurch die Nerven, die die Blasentätigkeit regeln, nicht mehr ordnungsgemäß funktionieren. Falls der Verdacht einer solchen Verletzung besteht, sollte man zuerst *Arnica montana* D30 (3mal täglich 3 Tage lang) geben. Anschließend wird *Hypericum* M1 (1mal täglich

7 Tage lang) verabreicht. Bei chronischem Leiden kann man auch zu *Conium maculatum* greifen, da dieses Mittel die Arbeitsweise der motorischen Nerven unterstützt.

Spritzharnen (»Markieren«)

Diese »Beschwerden« lassen sich nur äußerst schwierig behandeln, da die Gemütsverfassung des Katers gestört sein kann. Wenn man genau erkundet, warum er diese Angewohnheit entwickelt hat, findet man möglicherweise ein Mittel, das dieses Verhalten etwas abschwächt. Wenn ein Kater kurze Zeit nach der Kastration mit dem Spritzharnen beginnt, sollte man *Staphisagria* D6 (3mal täglich 7 Tage lang) geben. Gegebenenfalls kann die Behandlung mit einer höheren Potenz, z.B. D200 (3mal wöchentlich 4 Wochen lang) fortgesetzt werden.

Häufig verspritzen Kater Urin, um ihr Territorium zu markieren. In diesem Fall gibt man *Ustilago maydis* D200 (3mal wöchentlich 4 Wochen lang). Bei sterilisierten Tieren kann man außerdem noch eine unterstützende Behandlung mit verdünnten Hormonen durchführen, wie z.B. *Folliculinum*, *Ovarium* und *Testosteronum basicum*. Normalerweise genügen Potenzen von D6 bis D30 (1mal täglich 30 Tage lang), um eine Verbesserung zu erzielen. Die homöopathisch aufbereiteten Hormone werden gleichzeitig mit den anderen Mitteln verabreicht oder im Anschluß an die Behandlung.

Erkrankungen der Geschlechtsorgane

Normalerweise sind Katzen von Oktober bis Ende Dezember nicht so stark sexuell aktiv wie etwa im Frühjahr. Die Hauptfortpflanzungsperiode beginnt Anfang Januar und dauert einige Monate, bei vielen Katzen sogar bis zur Mitte des Sommers. Die Geschlechtsreife tritt bei weiblichen Tieren im Alter von fünf bis zwölf Monaten ein und dauert bis zur Lebensmitte oder sogar bis ins Alter an. Die Katze ist etwa drei bis acht Tage lang »rollig«, diese »Rolligkeit« kann bei reinen Stubenkatzen alle vier Wochen auftreten, bei frei lebenden Katzen zwei- bis viermal pro Jahr. Die Tragzeit beträgt bei Hauskatzen 56 Tage, bei Edelkatzen bis zu 64 Tage.

Unfruchtbarkeit

Unter dieser Überschrift sollen aus praktischen Gründen weibliche Katzen besprochen werden, die kaum oder überhaupt keinen Geschlechtstrieb haben. Ferner geht es hier um Kätzinnen, die nicht trächtig werden, sowie um die Pfege der trächtigen Katze.

Katzen mit schwach ausgeprägtem Geschlechtstrieb bekommen folgende Mittel:

Sepia officinalis Wirkt positiv auf sämtliche Fortpflanzungsorgane und steuert die Hormonaktivität. Dosis: D200, 1mal wöchentlich 3 Wochen lang.

Platinum Eignet sich besonders gut für Siamkatzen, da die Eigenschaften von *Platinum* auf die Gemütsverfassung dieser Edelkatzen abgestimmt sind. Dosis: D30, 3mal wöchentlich 2 Wochen lang.

Pulsatilla Wenn die Katze nicht trächtig wird, weil vermutlich der Eisprung ausbleibt, dann kann *Pulsatilla* helfen, das besonders gut auf die Eierstöcke wirkt. Dosis: D30, 3mal wöchentlich 4 Wochen lang.

Wenn sich die Katze gepaart hat und trächtig ist, dann haben sich *Viburnum opulis* und *Caulophyllum* als gute schwangerschaftsfördernde Mittel erwiesen. Im ersten Monat gibt man das *Viburnum opulis* D30 (2mal wöchentlich 4 Wochen lang). *Caulophyllum* wirkt hingegen in der Spätphase der Schwangerschaft regulierend und trägt außerdem zu einer problemlosen Geburt bei. Sollten jedoch mit Einsetzen der Wehen Komplikationen auftreten, kann *Caulophyllum* D30 (4 Gaben im Abstand von je ½ Stunde) ohne Risiko verabreicht werden, damit die Gebärmutter besser kontrahiert. Konventionelle Behandlungsmethoden sollten dann überflüssig sein. Auch *Arnica montana* D30 (3mal täglich 2 Tage lang) kann sich als nützlich erweisen. Wenn man dieses Mittel ein oder zwei Tage vor dem Werfen verabreicht, kann es die Auflösung von Narbengewebe (von beispielsweise früheren Geburten) beschleunigen und Blutungen verhindern.

Komplikationen nach der Geburt

Hierunter fallen Nachgeburtsblutungen, Entzündung der Gebärmutter (Metritis) und des Gesäuges (Mastitis) sowie ein Ausbleiben der Milch.

Nachgeburtsblutungen

Diese Blutungen können sehr unterschiedlich sein, so daß sich die verwendeten Mittel nach den Symptomen richten. Wenn sich z. B. Blut in der Gebärmutter sammelt und dann herausschießt, um sich anschließend erneut anzusammeln, sollte man *Ipecacuanha* D6 (4 bis 5 Gaben im Abstand von je 2 Stunden) geben. Das herausschießende Blut ist hellrot. Falls das Blut kontinuierlich heraustropft, sollte man ein homöopathisch aufbereitetes Schlangengift nehmen, z. B. *Crotalus horridus* D12 oder *Vipera* D12. Bei dunkelrotem Blut ist *Secale cornutum* D30 zu empfehlen, wohingegen Blutungen nach einer Fehlgeburt mit *Sabina* D6 behandelt werden.

Entzündung der Gebärmutter (Metritis)

Eine Gebärmutterentzündung ist eine schwere Erkrankung und sollte umgehend behandelt werden, am effektivsten mit Mitteln in Hochpotenzen. *Pyrogenium* eignet sich beispielsweise besonders bei einer Diskrepanz zwischen Puls und Temperatur, wie etwa hoher Temperatur mit schwachem, fadenförmigen Puls oder umgekehrt. *Echinacea angustifolia* ist ein weiteres Mittel, das wie *Pyrogenium* bei einer Blutvergiftung (Sepsis) verabreicht wird. *Echinacea* sollte als Tiefpotenz (beispielsweise D3) in häufigen Abständen gegeben werden. Weniger akute Fälle mit Ausfluß sollten mit *Sepia officinalis*, *Pulsatilla* und *Caulophyllum* behandelt werden. *Sepia officinalis* D30 (1mal täglich 5 Tage lang) hilft besonders bei Ausfluß unmittelbar nach dem Werfen und wenn die Katzenmutter ihren Jungen »die kalte Schulter zeigt« oder sie vielleicht sogar angreift. *Pulsatilla* eignet sich eher für sanftere Tiere, die fürsorglich, aber launisch sind. Der rahmartige Ausfluß ist nicht bakteriell infiziert. *Caulophyllum* D6 (3mal täglich 7 Tage lang) gibt man hingegen, wenn der Ausfluß durch Blut braun gefärbt ist.

Entzündung des Gesäuges (Mastitis)

Auch die Symptome einer Mastitis können unterschiedlich ausfallen, von einer einfachen Entzündung bis hin zur Abszeßbildung. Im Frühstadium sollten Entzündungen und Schwellungen auf *Phytolacca decandra* D30 (zunächst 3mal täglich 3 Tage lang und anschließend 3 Gaben jeden 2. Tag) ansprechen. Bei geschwollenen und heißen Milchdrüsen hilft *Belladonna* D6 (5 Gaben im Abstand von je 2 Stunden). Bei extremer Verhärtung der Drüsen

kann man *Bryonia alba* D30 oder *Calcium fluoricum* (syn. *Calcium fluoratum*) D30 (jeweils 1mal täglich 10 Tage lang) geben. Bilden sich Abszesse, die von Schmerzen und Druckempfindlichkeit begleitet sind, so kann man *Hepar sulfuris* in der gleichen Dosierung wie *Phytolacca decandra* verabreichen. Wenn das Gesäuge chronisch vereitert und sich eventuell Fisteln bilden, dann sollte *Silicea* (syn. *Acidum silicicum*) in der Potenz D200 (2mal wöchentlich 6 Wochen lang) verwendet werden.

Laktationstetanie (Eklampsie)

Diese Krankheit tritt bei Katzen weniger häufig auf als bei Hündinnen. Normalerweise entsteht eine Laktationstetanie bei großen Würfen meist nach drei bis sechs Wochen. Typische Symptome sind Koordinationsstörungen, Muskelkrämpfe und anschließender Kollaps. Manchmal atmet die Katze sehr schnell und hat geweitete Pupillen.

Behandlung

Diese Erkrankung kann unter Umständen vermieden werden, wenn man *Calcium phosphoricum* D30 (1mal täglich 10 Tage lang) ab dem Tag der Entbindung gibt. Anschließend wird die Dosis auf 3mal wöchentlich – bis zu 6 Wochen lang – reduziert. Falls eine Eklampsie eintritt, kann man – je nach auftretenden Symptomen, wie z.B. geweitete Pupillen, Muskelkrämpfe usw. – *Belladonna* D30, *Magnesium phosphoricum* D30 und *Curare* D30 geben. Bei

Koordinationsstörungen sind *Cicuta virosa*, *Stramonium*, *Amanita muscaria* (syn. *Agaricus muscarius*) und *Sulfonalum* am wirksamsten, wiederum in Abhängigkeit von den Symptomen. Das genaue Prüfbild dieser Mittel sollte in den Materia medica nachgelesen werden, da zwischen ihnen feine Unterschiede bestehen.

Ausbleiben der Milch

Wenn dieses Leiden eintreten sollte, sind *Urtica urens* D30, *Agnus castus* D30 und *Ustilago maydis* D30 (jeweils 3mal täglich 5 Tage lang) angezeigt. Selbstverständlich hängt es von den Symptomen ab, welches Mittel genommen wird, am häufigsten wird jedoch *Urtica* eingesetzt.

Eiteransammlung in der Gebärmutter (Pyometra)

Dies kann gelegentlich bei älteren Muttertieren vorkommen, die längere Zeit keine Jungen hatten. Die Katze ist sehr durstig, erbricht sich und hat einen aufgeblähten Bauch. Sie hat Fieber und wirkt apatisch. Gelegentlich kann man die vergrößerte Gebärmutter ertasten. Ähnlich wie bei Hündinnen gibt es eine offene und eine geschlossene Pyometra, wobei die letztere bei Katzen häufiger auftritt. Bei einer offenen Pyometra ist der Ausfluß zunächst klar und schleimig und wird erst zu einem späteren Zeitpunkt infolge einer Sekundärinfektion eitrig.

Behandlung

Bei der offenen Pyometra sind folgende Mittel geeignet:

Hydrastis canadensis Hilft im Anfangsstadium bei klarem oder schleimigem Ausfluß. Dosis: D30, 2mal täglich 7 Tage lang.

Pulsatilla Eignet sich gut für »Schmusekatzen«, die jedoch launisch sind. Der rahmartige Ausfluß ist nicht bakteriell infiziert. Dosis: D30, 1mal täglich 10 Tage lang.

Sepia officinalis Man beobachtet Ausfluß. Die Katze neigt zu plötzlichen Gemütsschwankungen und nimmt ihre Jungen nicht an oder greift sie sogar an. Dosis: von D6 bis D30, 3mal täglich 7 Tage lang.

Pyrogenium Gibt man bei einer ausgeprägten Puls-Temperatur-Diskrepanz, z. B. erhöhte Temperatur und ein schwacher, fadenförmiger Puls oder umgekehrt. Dosis: D200 bis M1, 4 Gaben im Abstand von je 3 bis 4 Stunden.

Caulophyllum Der Ausfluß enthält Blut und ist daher schokoladenbraun. Das Mittel bewirkt, daß der eitrige Ausfluß aus der Gebärmutter rasch abklingt. Es kräftigt die Muskulatur und bewirkt, daß sich eine geschlossene Pyometra öffnet und der Eiter abfließt. Dosis: D12 und D30, 3mal täglich 7 Tage lang.

ANMERKUNG: Diese Erkrankung, insbesondere eine geschlossene Pyometra, muß aufmerksam beobachtet werden, da es innerhalb kürzester Zeit zu einer Blutvergiftung (Sepsis) kommen kann. Wenn die verabreichten Mittel nicht bewirken, daß sich die Pyometra öffnet, muß man in akuten Fällen unbedingt einen chirurgischen Eingriff durchführen lassen.

Erkrankungen bei Zuchtkatern

Typische Katerkrankheiten kommen verhältnismäßig selten vor, gelegentlich kann jedoch die Vorsteherdrüse (Prostata) vergrößert sein. Bei diesem Leiden helfen *Sabal serrulatum* Ø bis D3, *Barium carbonicum* Ø bis D30 und *Solidago virgaurea* Ø bis D30 (jeweils 2mal täglich 21 Tage lang). *Sabal* ist wahrscheinlich das bekannteste Mittel, bei älteren Katern eignet sich eher *Barium carbonicum*.

Verringerte Paarungsbereitschaft

Lycopodium clavatum Gibt man sehr schlanken Tieren, die keinen großen Appetit haben. Dosis: D30, 1mal täglich 21 Tage lang.
Damiana Dieses sehr bekannte Heilmittel fördert den Geschlechtstrieb. Dosis: D3, 3mal täglich 10 Tage lang.
Agnus castus Typische Begleiterscheinung ist ein Ausfluß von Sekreten der Vorsteherdrüse (Prostata) aus der Harnröhre. Dosis: D6, 3mal täglich 14 Tage lang.

Erkrankungen der Atemwege

Viele Krankheiten der Atemwege sind Teil des Gesamtbildes spezieller Krankheiten, z.B. Katzenschnupfen oder Calici-Virusinfektion. Sie sollten daher unter den entsprechenden Abschnitten nachgeschlagen werden. Die im folgenden aufgeführten unspezifischen Krankheiten kommen am häufigsten vor.

Schnupfen (Rhinitis)

Diese Krankheit äußert sich in einer Entzündung der Nasenschleimhaut und tritt selten allein auf. Häufiger ist sie die Begleiterscheinung einer anderen Krankheit.

Ursachen

Der Entzündungsprozeß wird gewöhnlich durch einen Reizfaktor ausgelöst, aber bald kommt eine Sekundärinfektion hinzu, die die Konsistenz des Nasenschleims ändert. Häufig sind in diesen Fällen Staphylokokken oder Streptokokken beteiligt.

Symptome

Typisches Zeichen ist ein ständiger Ausfluß aus der Nase. Er ist zunächst serös und dünn, wird stufenweise schleimiger und schließlich schleimig-eitrig. Dabei können Blutspuren auftreten. Der Ausfluß kann beißend sein; in diesen Fällen beobachtet man wunde Nasenlöcher. Bei hartnäckigem, schleimig-eitrigem Ausfluß wird die Atmung durch Verstopfung der Nasenlöcher behindert.

Behandlung

Arsenicum album (syn. Acidum arsenicosum) Dies ist im Frühstadium ein nützliches Arzneimittel, wenn der Ausfluß dünn ist und Wundsein hervorruft. Dies wird meist von einem wäßrigen Ausfluß aus den Augen begleitet. Die Katze hat außerdem Durst auf kleine Mengen Wasser, ihr Fell ist trocken und struppig. Die Symptome werden gegen Mitternacht schlimmer. Dosis: D30, 1mal täglich 10 Tage lang.

Pulsatilla Eignet sich recht gut für sanftmütige Tiere mit wechselnden Stimmungen. Der Ausfluß ist dick und cremig. In der Nasengegend kann es zu Geschwürbildung (Ulzeration) kommen, und manchmal treten Blutspuren auf. Dosis: D30, 1mal täglich 7 Tage lang.

Mercurius solubilis Der Ausfluß wird charakteristischerweise zunehmend grünlich und kann Blut enthalten. Häufig ist das Nasenbein angeschwollen. Die Symptome verschlechtern sich zwischen Sonnenauf- und Sonnenuntergang. Dosis: D6, 3mal täglich 7 Tage lang.

Allium cepa Der Ausfluß ist gewöhnlich dünn und wäßrig, als Begleitsymptome treten Niesen und tränende Augen auf. Dosis: D6, 3mal täglich 7 Tage lang.

Kalium jodatum Wirkt vor allem in solchen Fällen, in denen der Ausfluß schubweise erfolgt und man beobachten kann, wie die Katze vergeb-

lich zu niesen versucht. Tränende Augen sind ein hervorstechendes Begleitsymptom. Dosis: D6, 3mal täglich 5 Tage lang.

Kalium bichromicum Der Nasenausfluß nimmt eine hellgelbe Farbe an und enthält zähe, faserig aussehende Schleimpfropfen. Oft sind Blutstreifen zu sehen. Dosis: D30, 1mal täglich 10 Tage lang.

Acidum fluoricum (syn. Acidum fluoratum) Ist angezeigt, wenn die Vermutung besteht, daß Veränderungen an der Nasenscheidewand (z. B. Geschwürbildung) Auslöser für den Schnupfen sind. Dosis: D12, 2mal täglich 14 Tage lang.

Nasenbluten (Epistaxis)

Nasenbluten ohne weitere Symptome kommt bei Katzen selten vor. Die meisten Fälle entstehen infolge mechanischer Verletzungen. Gelegentlich tritt Nasenbluten bei schweren, entzündeten Wunden auf, die die Knochen der Nasenmuschel oder die oberen Nasenschleimhäute betreffen. Ein Tumor in der Nasenhöhle kann ebenfalls Blutungen verursachen. Nasenbluten kann auch als Symptom einer speziellen Krankheit auftauchen.

Behandlung

Die folgenden homöopathischen Arzneien haben sich, entsprechend der Natur der Blutungen und der anderen auftretenden Symptome, als effektiv erwiesen:

Aconitum napellus Angezeigt bei spontanen Blutungen. Das Blut ist hellrot. Ursachen können große Kälte oder Schock sein. <u>Dosis:</u> M10, 3 Gaben im Abstand von je 1 Stunde.

Ficus religiosa Eignet sich generell für Blutungen, nicht nur im Nasenbereich. <u>Dosis:</u> D6, 3mal täglich 3 Tage lang.

Phosphorus Hilft eher bei kleinen, kapillaren Blutungen der Nasenschleimhaut als bei starkem Blutfluß. <u>Dosis:</u> D30, 3mal täglich 2 Tage lang.

Crotalus horridus Die Gruppe der Schlangengifte hilft insgesamt bei Blutungen, die auch an verschiedenen anderen Körperöffnungen auftreten können. Das Blut bleibt meist flüssig (das heißt, es koaguliert nicht). <u>Dosis:</u> D200, 1mal täglich 5 Tage lang.

Vipera Wirkt ähnlich wie *Crotalus*, jedoch kann die Katze verstärkt an Gleichgewichtsstörungen leiden. <u>Dosis:</u> M1, 1mal täglich 7 Tage lang.

Melilotus Das Blut ist hellrot, gelegentlich kann die Katze Fieber haben. Häufig verklumpt das Blut in den Nasenlöchern. <u>Dosis:</u> D30, 1mal täglich 7 Tage lang.

Ipecacuanha Wirkt ebenfalls bei hellrotem Nasenbluten. Meist treten auch Magenbeschwerden auf, z. B. hartnäckiges Erbrechen. <u>Dosis:</u> D30, 2mal täglich 5 Tage lang.

Ferrum phosphoricum Gibt man gewöhnlich jungen Kätzchen. Das Tier hat Schluckbeschwerden und manchmal auch Fieber. <u>Dosis:</u> D6, 3mal täglich 3 Tage lang.

Nebenhöhlen-entzündung (Sinusitis)

Die Nebenhöhlen sind manchmal Sitz einer Infektion oder Entzündung, die sich zu einer Vereiterung der Höhlen auswachsen kann. Meist bildet sich ein abstoßender Nasenausfluß, der sich oft nur schlecht behandeln läßt. Folgende Mittel können in diesem Fall Abhilfe verschaffen:

Hepar sulfuris Diese Arznei ist dann angezeigt, wenn der entzündete Bereich auf Druck schmerzhaft reagiert. Tiefpotenzen (z. B. D6) helfen, den Eiter abzustoßen, während Hochpotenzen (wie etwa D200) die Granulation (Körnchenbildung) im Sinusepithel fördern. <u>Dosis:</u> D6, 3mal täglich; D200, 3mal wöchentlich 4 Wochen lang.

Silicea (syn. Acidum silicicum) Sollte in chronischen Krankheitsfällen gegeben werden, bei denen die Symptome nicht so ausgeprägt sind. <u>Dosis:</u> D200, 3mal wöchentlich 4 Wochen lang.

Hippozaeninum (syn. Mallein) Diese Nosode hat sich bei chronischer Sinusitis bewährt, die durch einen honigfarbenen, klebrigen Nasenausfluß charakterisiert ist. <u>Dosis:</u> D3, 1mal täglich 10 Tage lang.

Lemna minor Der Nasenausfluß ist sehr abstoßend und schmutzig, die Katze muß auch häufig niesen. <u>Dosis:</u> D6, 3mal täglich 5 Tage lang.

Mandelentzündung (Tonsillitis)

Entzündungen der Mandeln kommen relativ häufig vor und können entweder akut oder chronisch verlaufen.

Akute Mandelentzündung

Die akute Form wird in der Hauptsache durch eine Streptokokkeninfektion hervorgerufen, obwohl auch bestimmte Viren bei der Tonsillitis eine Rolle spielen.

Symptome

Das erkrankte Gewebe schwillt an und rötet sich infolge der erhöhten Durchblutung. Manchmal sieht man schaumige Absonderungen und kleine graue Flecken, die auf abgestorbenes Gewebe hinweisen. Gelegentlich wachsen diese Herde zusammen und bilden eine Schicht, die die Mandeln bedeckt. Der Appetit kann unterschiedlich sein, jedoch fallen der Katze alle Schluckversuche sichtbar schwer. Der Speichel ist meist klar oder schleimig. Eine häufige Begleiterscheinung ist Brechreiz; dadurch kann der übermäßige Schleim entfernt werden. Im Frühstadium ist ein Temperaturanstieg normal, besonders bei jungen Kätzchen.

Behandlung

Aconitum napellus Sollte so früh wie möglich gegeben werden, da sich die weitere Krankheitsentwicklung hierdurch unter Umständen verhindern läßt. Dosis: M10, 3 Gaben im Abstand von je 1 Stunde.

Mercurius cyanatus Die Quecksilber-Jod-Verbindungen haben generell einen wohltuenden Einfluß auf Erkrankungen in Maul und Hals, wobei *Mercurius cyanatus* ein exzellentes Halsmittel ist. Dosis: D30, 2mal täglich 3 Tage lang.

Phytolacca Wird bei Vergrößerung der Mandeln und dunkelrot verfärbtem Hals gegeben. Dabei bilden sich schichtartige Ablagerungen (Membrane) zusammen mit gelblichem Schleim. Dosis: D30, 2mal täglich 7 Tage lang.

Belladonna Wirkt besonders gut im Anschluß an *Aconitum*. Die Pupillen sind geweitet, der Pulsschlag ist kräftig und pochend. Gewöhnlich ist die Temperatur erhöht. Dosis: D6, 3mal täglich 3 Tage lang.

Rhus toxicodendron Im Bereich der Mandeln bemerkt man große Mengen Schleim, die Mandeln selbst sind unnatürlich rot gefärbt. Äußerlich wirkt der Hals geschwollen. Außerdem können die Augen tränen und die Lider geschwollen sein. Dosis: M1, 1mal täglich 14 Tage.

Lachesis Dieses Schlangengift wird häufig bei Halserkrankungen gegeben. Die Mandeln erscheinen rotglänzend oder dunkelpurpurrot und sind beachtlich angeschwollen. Die Krankheitssymptome werden nach dem Schlaf anscheinend stärker. Dosis: D12, 3mal täglich 5 Tage lang.

Chronische Mandelentzündung

Eine chronische Mandelentzündung kann im Anschluß an eine akute Virusinfektion auftreten, von der sich das Tier gerade erholt hat. Die Mandeln sind vergrößert. Die Symptome sind mal stärker, mal schwächer ausgeprägt.

Silicea (syn. Acidum silicicum) Fördert den Abbau von vorhandenem Faser- und Narbengewebe und schränkt eine eventuelle Eiterbildung ein. Dosis: D200, 2mal wöchentlich 6 Wochen lang.

Barium carbonicum Von dieser Arznei profitieren sowohl sehr junge als auch ganz alte Katzen. Sehr häufig können die Mandeln vereitern. Dosis: D6, 3mal täglich 5 Tage lang.

Calcium jodatum Dieses Mittel gibt man bei chronischer Tonsillitis, wenn die Mandeln vergrößert bleiben und oberflächlich vereitern. Die typische Calcium-jodatum-Katze ist mager und hat ein trockenes Fell. Dosis: D30, 1mal täglich 10 Tage lang.

Hepar sulfuris Dieses Mittel hilft, wenn die Mandeln in periodischen Abständen vereitern. Der Hals schmerzt außerordentlich und ist während der akuten Verschlimmerung druckempfindlich. Dosis: D30, 1mal täglich 10 Tage lang.

Kalium bichromicum Man gibt diese Arznei, wenn die geschwollenen Mandeln bereits zu eitern beginnen und gelben, zähen Eiter absondern. Dosis: D200, 2mal wöchentlich 6 Wochen lang.

Streptococcinum Kann erfolgreich mit allen genannten Arzneien kombiniert werden. Dosis: D30, 1mal täglich 5 Tage lang.

Kehlkopfentzündung (Laryngitis)

Akute Kehlkopfentzündung

Die Entzündung des Kehlkopfes kann durch Bakterien oder Viren hervorgerufen werden, ganz selten aber auch andere Ursachen haben. Eine Laryngitis kann unterschiedlich stark verlaufen, hin und wieder kann eine Katze auch eingehen, weil ihre Luftwege verstopft waren.

Symptome

Ein Besitzer wird meist dadurch alarmiert, daß die Katze Würgegeräusche von sich gibt, als ob ein Fremdkörper in der Luftröhre steckte. Die Katze kann keinen Laut mehr von sich geben, ihr Verhalten verändert sich insgesamt. Das Tier sträubt sich gegen Druck auf den Kehlkopfbereich. In gravierenden Fällen hat die Katze außerordentlich starke Schwierigkeiten beim Atmen, und meist hält sie ihr Maul offen.

Behandlung

Das Tier sollte an einem ruhigen Platz gehalten werden und mit einer der folgenden Arzneien behandelt werden.

Aconitum napellus Wenn diese Arznei im frühen akuten Krankheitsstadium gegeben wird, können die

Symptome gemildert und der Entzündungsprozeß angehalten werden. Dosis: M10, 3 Gaben im Abstand von je 1 Stunde.

Belladonna Wird Katzen mit Reizbarkeit, vollem, sprunghaftem Puls und geweiteten Pupillen verabreicht. Dosis: D12, 4 Gaben im Abstand von je 1 Stunde.

Apis mellifica Typische Begleitsymptome sind zahlreiche Ödeme und ein geschwollener Hals. Die kranke Katze hat starken Durst und eine Abneigung gegen Wärme jeder Art. Dosis: D30, 3mal täglich 3 Tage lang.

Spongia tosta Ist angezeigt, wenn die Laryngitis von einem heiseren, kruppartigen Husten begleitet wird. Schleim fehlt. Die Atmung kann von einem pfeifenden Geräusch begleitet sein. Dosis: D6, 3mal täglich 7 Tage lang.

Drosera rotundifolia Dieses Mittel ist bei krampfartigem Husten angebracht. Heiserkeit und festsitzender Schleim sind sehr ausgeprägt. Der Husten löst bei der Katze gewöhnlich Würgen und Erbrechen aus und behindert in hohem Maße die normale Atmung. Dosis: D9, 3mal täglich 7 Tage lang.

Causticum Hahnemanni Ist immer dann angezeigt, wenn die Katze infolge einer zeitweiligen Lähmung der Kehlkopfnerven überhaupt nicht mehr miauen kann. Bei manchen Hustenanfällen kann die Katze Harn lassen. Der Schleim sammelt sich im Hals und kann vom Tier kaum noch ausgehustet werden. Dosis: D30, 2mal täglich 10 Tage lang.

Rhus toxicodendron Ist angezeigt, wenn der Kehlkopf tiefrot ist und der Husten von grünlichem, faul riechendem Schleimauswurf begleitet ist. Manchmal wird beim Aushusten Blut gespuckt. Eventuell beobachtet man auch eine allgemeine Steifheit der Bewegung. Dosis: M1, 1mal täglich 12 Tage lang.

Chronische Kehlkopfentzündung

Die chronische Form entwickelt sich als Folge vernachlässigter oder falsch behandelter akuter Fälle. Diese Laryngitis ist durch eine Vergrößerung (Hypertrophie) des Kehlkopfes gekennzeichnet, wobei dieser häufig von häutchenförmigen Ablagerungen bedeckt ist. Die Kehlkopföffnung ist oft verengt.

Behandlung

Silicea (syn. Acidum silicicum) Diese Arznei hilft, Fasergewebe zu heilen, und beschleunigt die Absorption von Narbengewebe. Zusätzlich schützt Silicea vor aufkommenden Infektionen. Dosis: D200, 2mal wöchentlich 6 Wochen lang.

Calcium fluoricum (syn. Calcium fluoratum) Dieses Allgemein-Mittel ist ausgezeichnet, es schwächt die Bildung von Fasergewebe ab. Dosis: D30, 3mal wöchentlich 4 Wochen lang.

Barium muriaticum (syn. Barium chloratum) Charakteristisch sind gewöhnlich Krampfaderbildungen der Halsvenen. Sehr häufig entstehen Vereiterungen. Dosis: D6, 3mal täglich 10 Tage lang.

Bronchitis (Bronchialkatarrh)

Diese Erkrankung ist eher jahreszeitlich bedingt und tritt meist im Frühjahr und am Jahresende auf.

Symptome

Charakteristisch ist ein unterschiedlich starker Husten. Manchmal hört man rasselnde Geräusche in den Atemwegen. Die Katze hat weiterhin normalen Appetit, Fieber tritt kaum oder überhaupt nicht auf.

Behandlung

Bryonia alba Gibt man immer dann, wenn es der Katze in Ruhe viel besser geht. Erleicherung kann erzielt werden, wenn man auf den erkrankten Bereich Druck ausübt. Dosis: D6, 3mal täglich 3 Tage lang.

Kalium bichromicum Hilft, wenn die Katze gelben Schleim abhustet, der im Übermaß gebildet wird. Auch aus der Nase kann Schleim fließen. Dosis: D200, 3mal wöchentlich 4 Wochen lang.

Antimonium tartaricum Ist bei rasselndem Atem und schaumig-schleimigem Ausfluß angezeigt. Dosis: D30, 2mal täglich 10 Tage lang.

Apis mellifica Gibt man bei Verdacht auf übermäßige Flüssigkeitsbildung, die zum Abhusten eines sehr flüssigen Schleims führt. Dosis: D6, 3mal täglich 10 Tage lang.

Spongia tosta Eignet sich gut für ältere Tiere, die eventuell herzkrank sind. Dosis: D6, 3mal täglich 10 Tage lang.

Rumex crispus Dieses Mittel ist eine gute Alternative zu *Spongia tosta*. Die Katze sondert sehr viel Schleim ab, der Husten wird am Abend oder während der Nacht schwächer. Dosis: D6, 3mal täglich 10 Tage lang.

Scilla maritima Wird immer dann verabreicht, wenn auch Magenbeschwerden wie etwa Erbrechen und Reflexhusten vorliegen. Dosis: D6, 3mal täglich 7 Tage lang.

Coccus cacti Im Frühstadium der Bronchitis leidet die Katze an einem Krampfhusten, der nachts schlimmer wird. Dosis: D6, 3mal täglich 7 Tage lang.

Erweiterung der Bronchien (Bronchiektasie)

Unter Bronchiektasie versteht man die abnorme Erweiterung des Bronchialbaums infolge des Verlustes der Spannkraft (Elastizität) seiner Fasern. Dadurch können sich Flüssigkeiten in Taschen ansammeln, die wiederum nach und nach vereitern.

Ursachen

Häufig entsteht Bronchiektasie nach einer Lungenerkrankung, manchmal wird sie aber auch durch Fremdkörper hervorgerufen, die eingeatmet wurden und sich im Bronchialepithel festgesetzt haben. In erster Linie wird diese Krankheit jedoch durch Bakterien oder Viren verursacht.

Symptome

Andauernder Husten ist gewöhnlich ein Alarmsignal. Der Husten ist im Frühstadium zunächst trocken und so gut wie ohne Schleimbildung; bald jedoch wird er feucht, so daß die Katze große Mengen Eiter und Schleim aushustet. Zudem verliert das kranke Tier rasch seine körperliche Kondition.

Behandlung

Bryonia alba Gibt man in der frühen Phase, wenn noch wenig Schleim gebildet wird. Die Katze mag sich meist nicht bewegen, es geht ihr besser, wenn man auf den erkrankten Bereich Druck ausübt. Dosis: D6, 3mal täglich 3 Tage lang.

Antimonium tartaricum Wird ebenfalls im Frühstadium verwendet, wenn der Husten von schaumigem Exsudat begleitet wird. Meist hört man rasselnde Bronchialgeräusche. Dosis: D30, 2mal täglich 5 Tage lang.

Hepar sulfuris Im Frühstadium mit beginnender Vereiterung mindert *Hepar* das Risiko einer sekundären bakteriellen Infektion. Dosis: D30, 2mal täglich 7 Tage lang.

Kalium bichromicum Wird bei Husten mit gelbem, zähem Schleim gegeben. Dosis: D200, 3mal wöchentlich 3 Wochen lang.

Kreosotum Hilft in chronischen Fällen, wenn die Gefahr einer Gangränbildung (Brand) besteht. Der Auswurf ist sehr eitrig und kann gelegentlich mit Blut vermischt sein. Dosis: D200, 3mal wöchentlich 4 Wochen lang.

Mercurius solubilis Eignet sich, wenn der abgehustete Schleim eher grünlich als gelb ist. Dosis: D6, 3mal täglich 10 Tage lang.

Erkrankungen von Lunge und Rippenfell

Lungenödem

Übermäßige Flüssigkeitsansammlungen in der Lunge sind häufig eine Folgeerscheinung chronischer Herzerkrankungen, insbesondere einer Insuffizienz der Mitralklappen, wenn infolge des schwächeren Blutkreislaufs Blutplasma aus den Lungenvenen ins Lungengewebe übertritt.

Symptome

Das Tier atmet sehr schwer, häufig unter feuchtem Husten. Die Katze liegt meist mit ausgestrecktem Kopf platt auf dem Brustbein, um leichter atmen zu können.

Behandlung

Apis mellifica Dieses Medikament ist generell bei Ödemen geeignet. *Apis* fördert die Resorption von Flüssigkeit (in der Lunge) und schafft so Erleichterung. Dosis: D6, 3- bis 4mal täglich 10 Tage lang.

Strophanthus Dieses Herzmittel fördert die Herzarbeit und erhöht die ausgeschiedene Urinmenge. Hierdurch wird die überschüssige Flüssigkeit aus dem Körper entfernt. Dosis: D3, 2mal täglich 30 Tage lang.

Adonis vernalis Ist ebenfalls ein sehr gutes Herzmittel bei Schwächen der Herzklappen. Dosis: D3, 3mal täglich 30 Tage lang.

Crataegus Dieses Herzmittel mit Wirkung auf die Muskulatur des Herzens kräftigt den Herzschlag und vergrößert den Blutausstoß. Auf diese Weise wird der Kreislauf insgesamt angeregt. Dosis: D3, 3mal täglich 30 Tage lang.

Carbo vegetabilis Verschafft der kranken Katze Erleichterung, indem es ihre Sauerstoffversorgung unterstützt und dadurch die Atmung erleichtert. Dosis: D200, 1mal täglich 7 Tage lang (wenn erforderlich). Das Mittel sollte am besten abends gegeben werden.

Abrotanum Soll Erkrankungen mit Exsudationen lindern. Daher eignet es sich gut als »Ersatzmittel«, wenn andere Arzneimittel offenbar nicht helfen. Dosis: D6, 3mal täglich 14 Tage lang.

Emphysem

Ein Emphysem liegt vor, wenn die Lungenalveolen (Lungenbläschen) ihre normale Elastizität verloren haben, sich erweitern und nicht mehr zu ihrer normalen Größe zurückkehren können. In Ernstfällen kann die Alveolarmembran reißen, so daß Luft ins umliegende Gewebe entweicht. Emphyseme entstehen meist unvermeidlich als Folge von chronischen Störungen der Atemwege, wie etwa Bronchitis oder Bronchiektase.

Symptome

Das Ausatmen fällt sichtbar schwer. Während der Atmung sind verstärkte Kontraktionen der Bauchmuskulatur zu beobachten, die den Atemprozeß unterstützen sollen. Außerdem kann die Katze nur sehr schwer atmen.

Behandlung

Lobelia inflata Hilft bei der Behandlung funktioneller Emphyseme, wenn die (pathologischen) Veränderungen der Alveolarmembran noch nicht fortgeschritten oder gar chronisch sind. Dosis: D30, 2mal täglich 14 Tage lang.

Antimonium arsenicosum Falls sich bei der Untersuchung herausstellt, daß der linke Lungenflügel stärker als der rechte angegriffen ist, erweist sich arseniges Antimon als sehr nützliches Mittel. Dosis: D30, 2mal täglich 10 Tage lang.

Carbo vegetabilis Unterstützt die Sauerstoffzufuhr, insbesondere bei Luftnot, und verschafft vor allem in der Nacht Erleichterung. Dosis: D200, 1 Gabe jeden Abend, falls nötig.

Die oben angegebenen Medikamente und Behandlungen beziehen sich auf funktionelle Emphyseme, wobei die Alveolen teilweise geschädigt sind. Strukturelle Emphyseme, bei denen der Tonus (Spannungszustand) oder die Elastizität der Alveolenwände völlig verschwunden ist, sprechen darauf nicht mehr an.

Lungenentzündung (Pneumonie)

Eine Entzündung des Lungengewebes ist bei Katzen nicht sehr häufig. Manche Lungenentzündungen entstehen infolge einer Virusinfektion. Im Anschluß an eine solche virusbedingte Lungenentzündung entstehen vielfach Sekundärinfektionen mit Bakterien.

Symptome

Die Katze ist aufgeregt und ihre Atemfrequenz erhöht; für gewöhnlich stellt man eine Temperaturerhöhung fest. Die Katze fühlt sich äußerst unwohl und verhält sich ganz ruhig. Normalerweise liegt das Tier mit geöffneter Schnauze auf dem Brustbein, um besser atmen zu können.

Behandlung

Aconitum napellus Sollte beim Auftauchen der ersten Krankheitssymptome sofort gegeben werden. Dosis: M10, 3 Gaben im Abstand von je 1 Stunde.

Antimonium tartaricum Erweist sich als sehr hilfreich, wenn loser Schleim und Auswurf im Übermaß gebildet werden. Dosis: D30, 2mal täglich 7 Tage lang.

Bryonia alba Charakteristisch ist die Bewegungsunlust der Katze; auch geht es ihr in Ruhe besser. Druck auf die Brust schafft dem Tier Erleichterung. Dosis: D6, 3mal täglich 7 Tage lang.

Arsenicum jodatum Eignet sich sehr gut bei leichter oder wiederholt auftretender Lungenentzündung. Die Haut ist meist trocken. Dosis: D12, 2mal täglich 7 Tage lang.

Ferrum phosphoricum Die Katze zeigt beim Einatmen Angst- und Schmerzsymptome. Der Hals ist voller losem Schleim. Der Auswurf beim Husten ist gelegentlich rostfarben. Dosis: D12, 3mal täglich 5 Tage lang.

Lycopodium clavatum Der Bärlapp eignet sich gut für ältere, magere Katzen, deren Symptome am späten Nachmittag schlimmer werden. Dosis: D12, 3mal täglich sieben Tage lang.

Phosphorus Charakteristisch ist das Aushusten von rostfarbenem Schleim bei gleichzeitig beschleunigter Atmung. Gelegentlich kann der Husten auch trocken und ohne Schleim sein. *Phosphorus* ist eine passende Medizin für nervöse und sensible Katzen. Dosis: D30, 2mal täglich 10 Tage lang.

Rippenfellentzündung (Pleuritis)

Eine Entzündung des Rippenfells, das heißt der Rippen- oder Brustfellhaut, kann entweder trocken oder naß (Flüssigkeit im Pleuralsack) sein. Eine Pleuritis entsteht vielfach als Folge irgendeiner Infektion der Atemwege.

Symptome

Das Tier erscheint ängstlich. Typisch ist auch die ausgeprägte Bauchatmung. Wenn nur eine Seite betroffen ist, liegt die Katze vorzugsweise auf dieser Seite. Falls das Tier jedoch sitzt, sind gewöhnlich beide Seiten betroffen. Die Temperatur kann auf fast 41 °C steigen. Wenn die Flüssigkeit erst einmal in den Pleuralsack eingedrungen ist, lassen die Schmerzsymptome etwas nach.

Behandlung

Die folgenden Medikamente können in Abhängigkeit von allen anderen Symptomen nützlich sein:

Aconitum napellus Sollte bei dieser Erkrankung immer so früh wie möglich gegeben werden. Dosis: M10, 3 Gaben im Abstand von je 1 Stunde.

Belladonna Charakteristische Symptome sind, wenn sich das Tier unnatürlich heiß anfühlt, geweitete Pupillen zeigt und einen klopfenden Puls hat. Dosis: D200, 3 Gaben im Abstand von je 1 Stunde.

Bryonia alba Ist die beste Arznei bei trockener Rippenfellentzündung, bei der es der Katze in Ruhe besser geht und sie sich gegen Bewegung sträubt. Bei Druck auf den Pleuralsack fühlt sich die Katze besser. Dosis: D3, 3mal täglich 7 Tage lang.

Arsenicum album (syn. Acidum arsenicosum) Vor allem ältere Tiere profitieren von dieser Arznei – besonders, wenn die Symptome gegen Mitternacht schlimmer werden und die kranke Katze lieber Wasser in kleinen Schlucken trinken will. Dosis: D30, 2mal täglich 10 Tage lang.

Eitrige Rippenfellentzündung (Pyopneumothorax)

Bei dieser besonderen Rippenfellentzündung wird viel Eiter im Pleuralsack gebildet. Dieses Leiden kommt bei Katzen jeden Alters und aller Rassen vor und entsteht als Folge verschiedener Virusinfektionen, wie z. B. Katzenschnupfen und infektiöse Peritonitis. Manchmal kann ein Wurmbefall der Lungen dieser Krankheit Vorschub leisten.

Symptome

Hin und wieder ist das Leiden hyperakut, so daß man bis zum Tode der Katze kaum oder gar keine Symptome bemerkt hat. Bei nur leichter Ansammlung von Eiter im Brustraum ist die Katze apathisch, ihr Gemüt ist beeinträchtigt, und sie will sich generell nicht bewegen. Die Atemfrequenz nimmt zu. Der Puls kann dünn und fadenförmig sein. Die Katze liegt auf dem Bauch und kehrt, wenn sie zur Bewegung animiert wurde, sofort wieder in die Position zurück.

Behandlung

Aconitum napellus So früh wie möglich geben, da es Streß und Angst lindert. Dosis: M10, 3 Gaben im Abstand von je 1 Stunde.

Bryonia alba Charakteristisch sind Bewegungsunlust und ein Nachlassen der Beschwerden, nachdem man Druck auf das Rippenfell ausgeübt hat. Dosis: D6, 3mal täglich 8 Tage lang.

Hepar sulfuris Gibt man bei Eiteransammlungen im Pleuralsack. Manchmal kann die Entzündung schmerzhaft sein, z. B., wenn man auf das Rippenfell drückt (umgekehrt wie bei *Bryonia*). <u>Dosis:</u> D30, 2mal täglich 7 Tage lang.

Silicea (syn. Acidum silicicum) Hilft bei leichteren oder langwierigen Entzündungen. *Silicea* löst Eiter auf und fördert den Heilprozeß im Pleuralsack. <u>Dosis:</u> D200, 2mal wöchentlich 4 Wochen lang.

Pyrogenium Ist für diejenigen Fälle gedacht, die durch ein ungewöhnliches Puls-Temperatur-Verhältnis gekennzeichnet sind, wie beispielsweise hohe Temperatur und schwacher, fadenförmiger Puls. Dieses Mittel sollte immer bei einer Sepsis mit derartiger Puls-Temperatur-Diskrepanz gegeben werden, aber auch in solchen Fällen, wo die Symptome umgekehrt sind. <u>Dosis:</u> M1, 4 Gaben im Abstand von je 1 Stunde.

Tuberkulose

Da mit der Ausrottung der Tuberkulose bei Milchvieh die Hauptinfektionsquelle beseitigt wurde, ist diese Erkrankung heute auch bei Katzen weniger verbreitet. Tuberkulose wird durch die beiden Bakterienarten *Mycobacterium tuberculosis* und *Mycobacterium bovis* hervorgerufen. Katzen sind besonders für *Mycobacterium bovis* anfällig. Typische Symptome, die auf die Erkrankung bei Katzen hinweisen könnten, gibt es nicht. Die Infektion kann viele Formen annehmen. Insbesondere können Knochen und Drüsen erkranken. Wenn daher Abszesse und Fisteln mehrfach wiederkehren und schlecht abheilen, sollte erhöhte Vorsicht geboten sein.

Behandlung

Im allgemeinen sollte man Tuberkulose nicht behandeln. Falls der Katzenhalter aber auf einer Behandlung besteht, kann die Nosode *Tuberculinum bovinum* (D200, 1mal wöchentlich 4 Wochen lang) zusammen mit Aufbaupräparaten helfen. Diese Kur kann nach ungefähr drei Monaten wiederholt werden. Gute Ernährung und gesunde Haltung sind wesentlich.

Erkrankungen des Herz-Kreislauf-Systems

Erkrankungen des Herzens

Bei Katzen findet man – im Vergleich zu Hunden – nur selten ein anomal arbeitendes Herz. Das häufigste Leiden ist eine Schwäche der Herz- oder Mitralklappen (Herzklappeninsuffizienz). Die eindeutigen Krankheitssymptome kann natürlich nur der Arzt feststellen, der Laie erkennt meist nur, daß ein herzkrankes Tier apatisch und ohne Appetit ist.

Behandlung

Lycopus virginicus Am auffälligsten sind der verstärkte, schnelle und unregelmäßige Puls sowie die starke Atemlosigkeit. Dosis: D3, 2mal täglich 30 Tage lang.

Adonis vernalis Gilt als eines der besten Mittel bei Herzklappenerkrankungen. Die Katze scheidet weniger Urin aus, dieser enthält Albumin und Harnzylinder. Die Herzarbeit ist stark erhöht. Dosis: D1 und D2, 3mal täglich 21 Tage lang.

Convallaria majalis Der Puls ist voll und wechselhaft (intermittierend), die Katze bewegt sich nur ungern. Dosis: D2, 3mal täglich 21 Tage lang.

Lilium tigrinum Gibt man bei schnellem, jedoch schwachem Puls. Selbst die geringfügigste Bewegung verschlimmert das Leiden. *Lilium* zeigt bei weiblichen Katzen mitunter bessere Wirkung. Dosis: D3, 2mal täglich 30 Tage lang.

Gefäßverschluß (Thrombose)

Gefäßverschlüsse (Thrombosen) in verschiedene Arterien sind bei Katzen durchaus nicht ungewöhnlich. Der Auslöser ist unklar, möglicherweise liegt der Grund in einer angeborenen Anomalie des Blutes. Oft tritt eine Thrombose ganz plötzlich auf. Ganz junge und ganz alte Katzen sind weniger anfällig als andere Altersgruppen.

Symptome

Diese variieren je nach betroffener Arterie, im allgemeinen bricht das Tier jedoch unter Schmerzen oder Beschwerden im betroffenen Bereich zusammen. Die (sichtbaren) Schleimhäute werden blaß oder laufen in schweren Fällen blau an. Die Katze leidet unter Atembeschwerden. Besonders häufig ist der Darmbeinbereich (Darmbein = der obere Teil des Hüftbeins) betroffen, was zu einem Verschluß der Darmbein- oder Oberschenkelgefäße führt. In solchen Fällen kann man in diesem Bereich keinen Pulsschlag fühlen. Vergrößerte, schmerzende Bauchmuskeln können auch als Krankheitssymptom interpretiert werden.

Behandlung

Schmerzhafte Thrombosen können viel besser homöopathisch behandelt werden als mit den Methoden der konventionellen Medizin. Von besonderer Bedeutung sind einige Schlangengifte.

Crotalus horridus Ist bei gelber Verfärbung der Haut angezeigt. Das Gift löst erfolgreich Thrombosen in verschiedenen Bereichen auf. Dosis: Man gibt *Crotalus* am besten als Hochpotenz, z.B M10, 2mal täglich 5 Tage lang.

Bothrops lanceolatus Typische Begleiterscheinungen sind Blutungen aus unterschiedlichen Körperöffnungen. *Bothrops* wird nicht so sehr bei Thrombosen im Darmbeinbereich, sondern beispielsweise eher bei Hirnvenenthrombosen gegeben. Dosis: D200, 3mal täglich 5 Tage lang.

Lachesis Typischerweise sehen die erkrankten Gefäßbereiche zunehmend violett oder blau aus und sind eher auf die linke Körperhälfte beschränkt. Gelegentlich beobachtet man auch ausgeprägte Schwellungen im Rachen. Dosis: D30, 2mal täglich 10 Tage lang.

Vipera Kreuzottergift wird gegeben, wenn die betroffenen Bereiche stark gelähmt sind. Die Schmerzen im Bereich der Thrombose sind deutlich ausgeprägt. Dosis: M1, 3mal wöchentlich 4 Wochen lang.

Secale cornutum Wird zur Nachbehandlung einer Darmbein- oder Oberschenkelthrombose verwendet. *Secale* fördert den normalen Blutfluß zu Beinen und Füßen, nachdem die Thrombose abgeheilt ist. Dosis: D200, 3mal wöchentlich 4 Wochen lang.

Erkrankungen des Blutes und der blutbildenden Organe

Anämie (Blutarmut)

Unter Anämie versteht man generell eine Verminderung des Gesamthämoglobins im Blut. Der Blutfarbstoff Hämoglobin bindet Sauerstoff in den roten Blutkörperchen (Erythrozyten). Jede Abnahme des Hämoglo-bins führt daher zu körperlicher Schwäche und läßt die (sichtbaren) Schleimhäute blaß werden. Anämie kann als direkte Folge eines starken Blutverlusts entstehen, z.B. nach plötzlichen Blutungen, aber auch, wenn das Blut langsam und über einen längeren Zeitraum ausgetreten ist. Parasitenbefall und einige Infektionskrankheiten führen ebenfalls zu Anämie. Auch Knochenmarkserkrankungen können zu Blutarmut führen, da sie die Neubildung der Erythrozyten stören.

Anämie nach akuten Blutungen

Diese Anämie verschwindet von selbst, wenn die Blutung nicht zu stark ist und die blutbildenden Organe den Verlust an roten Blutkörperchen rasch ausgleichen können. Zu den Arzneien, die eine Blutgerinnung fördern und dadurch die Blutung stoppen, gehören u.a.:

Aconitum napellus Gibt man im akuten Zustand, der zu Blutandrang mit Fieber oder Entzündung führt. Blutgefäße, die direkt unter der Haut liegen, können leicht reißen, wie z.B. die Kapillargefäße in der Nase, was zu Nasenbluten führt. Das Blut ist gewöhnlich hellrot. Dosis: M10, 3 Gaben stündlich.

Arnica montana Wird bei Blutungen infolge eines Traumas (gewaltsamen Verletzung von außen) bzw. eines sehr starken Blutstaus verabreicht. Das Blut tritt aus allen Körperöffnungen aus. Die Blutung entsteht durch Stockung, was zu schwachen, eher sickernden Blutungen (von dunklem Blut) führt. Dosis: D30 oder D200, 3 Gaben im Abstand von je 4 Stunden.

Ficus religiosa Gilt als gutes Mittel gegen Blutungen. Gelegentlich erbricht die Katze Blut, aber auch Blutungen aus der Gebärmutter sowie Darmbluten kommen vor. Dosis: D6, die mehrfach wiederholt werden kann.

Millefolium Das ausströmende Blut ist hellrot, gleichzeitig kommt es gelegentlich zu einer akuten (Infektions-)Krankheit mit Temperaturanstieg. Hin und wieder enthält auch der Harn Blut; die Katze kann an Lungenblutungen und Darmbluten leiden. Dosis: D30 3mal täglich 4 Tage lang.

Crotalus horridus Die Blutungen sind häufig, aber nicht immer durch Eiterungen und Gelbsucht kompliziert. Das Blut ist dunkel und gerinnt oft überhaupt nicht. Die Blutungen treten meist überall am Körper auf, der Urin wird dunkelrot. Dosis: D12 und D200, 3mal täglich 5 Tage lang.

Vipera Verursacht – wie auch andere Schlangengifte, z. B. *Naja* – Venenbluten. Die Katze zeigt zusätzlich Symptome wie bei einer Vergiftung mit Nervengiften (Neurotoxine). Die Blutungen treten oft im Bereich der Lymphgefäße auf. Dosis: M1, 3mal täglich 4 Tage lang.

Lachesis Auch das Arzneimittelbild von *Lachesis* enthält Symptome wie nach einem Schlangenbiß. Ganz typisch ist, daß sich die Haut gleichzeitig bläulich oder violett verfärbt. Weitere charakteristische Symptome

sind Eiter und dunkle Stauungsblutungen. Dosis: D30, 3mal täglich 5 Tage lang.

Ipecacuanha Unter intensiven Blutungen spritzt hellrotes Blut hervor. *Ipecacuanha* eignet sich sehr gut, um Blutungen direkt nach einer Geburt zu stillen; das Blut strömt dann nicht gleichmäßig, sondern spritzt nur stoßweise aus. Meistens erbricht sich das Tier und mag nichts fressen. Darmbluten und Blutungen in der Lunge kommen ebenfalls vor. Dosis: D30, 5 Gaben im Abstand von 2 Stunden.

Melilotus Hilft bei Blutungen aus Nase und Schnauze, wobei das Blut hellrot ist. Die Adern an Nacken und Hals sind gespannt und pochen. Sehr oft kommt es zu Blutstauungen in den Arterien. Dosis: D6, 5 Gaben im Abstand von 2 Stunden.

Hamamelis Hilft bei Blutungen, die durch einen Venenstau bedingt sind. Das Blut ist von dunkler Farbe. Dosis: D30, 3mal täglich 5 Tage lang.

Phosphorus Gilt als sehr wichtiges Mittel bei Blutungen aus den kleinen Kapillargefäßen. Diese können am ganzen Körper, vornehmlich jedoch am Zahnfleisch auftreten. Die Katze erbricht und hustet blutdurchsetzten rostfarbenen Schleim aus. Dosis: D30, 3mal täglich 7 Tage lang.

Anämie nach Dysfunktion des blutbildenden Systems

Knochenmarksstörungen, die beim Menschen zu einer malignen Anämie (perniziöse Anämie) führen, kommen bei Katzen nur selten vor. Eine vergleichbare Störung der Knochenmarksfunktion bei Katzen wird als aplastische Anämie (Markberaubungsanämie) bezeichnet. Sie wird fast immer durch Giftstoffe (Toxine) oder schwere chronische Infektionen verursacht, z. B. durch eine Überdosierung mit starken Medikamenten. Da eine Anämie auch durch Vitaminmangel entstehen kann, sollte das Katzenfutter regelmäßig Vitamine enthalten. Besonders wichtige Vitamine sind Vitamin E und der Vitamin-B-Komplex.

Symptome

Die Symptome sind ähnlich wie bei einer »normalen« Anämie.

Behandlung

Trinitrotoluol Charakteristisch ist eine zusätzlich auftretende toxische Gelbsucht. Das Mittel kann die Sauerstoffbindungskapazität des Hämoglobins wieder normalisieren (mit anderen Worten, es kann den ordnungsgemäßen Sauerstofftransport im Blut wieder gewährleisten). Der Herzschlag ist schwach, die Atmung verstärkt und der Urin von intensiver Farbe. Dosis: D30, 2mal wöchentlich 14 Tage lang.
Silicea (syn. Acidum silicicum) Sollte bei Krankheiten gegeben werden, die als Folge einer langanhaltenden Infektion entstanden sind. *Silicea* wirkt besonders gut auf Knochen und schlägt zudem in solchen Fällen an, in denen die Katze neben Blutarmut auch noch unterernährt ist. Dosis: D200, 2mal wöchentlich 8 Wochen lang.

Arsenicum album (syn. Acidum arsenicosum) Die Katze ist vollkommen geschwächt und erschöpft; sie ist unruhig und will nur Wasser in kleinen Mengen saufen. *Arsenicum album* gilt als ideales Mittel bei chronischer Anämie. Dosis: M1, 1mal täglich 21 Tage lang.
Mercurius solubilis Ruft schwere Anämie hervor und wird bei folgenden Begleitsymptomen gegeben: (starker) Speichelfluß und schleimiger Durchfall mit Hautausschlag. Dosis: D6, 3mal täglich 10 Tage lang.
China (syn. Cinchona succiruba) Homöopathisch aufbereitetes Chinin ist das Mittel der Wahl bei Erkrankungen, die das Tier aufgrund von hohem Flüssigkeitsverlust stark schwächen. Dosis: D6, 3mal täglich 7 Tage lang.

Wenn der Verdacht auf Anämie (Blutarmut) besteht, sollte auf alle Fälle das Blut der kranken Katze im Labor untersucht werden. Hierdurch wird der Anämie-Typ genau bestimmt; außerdem kann man feststellen, ob die Zahl der Leukozyten (weiße Blutkörperchen) in Ordnung ist, und so Rückschlüsse auf eine mögliche weitere Erkrankung ziehen.

Infektiöse Anämie

Diese Erkrankung wird durch den Blutparasiten *Haemobartonella felis* hervorgerufen, der zu den Rickettsien gezählt wird. Diese Erreger werden durch blutsaugende Flöhe auf die Katze übertragen. Manche Ärzte sind auch der Meinung, daß eine Infektion über die Plazenta stattfinden kann. Nachdem sich die Rickettsien in ihrem Wirtstier festgesetzt haben, rufen sie die Zerstörung der roten Blutkörperchen hervor, wodurch es zu einer Blutarmut (Anämie) kommt.

Symptome

Die Symptome sind nicht sehr genau festgelegt. Die Katze wird meist zum Arzt gebracht, weil sie allgemein schwach und appetitlos ist. Die Krankheit kann 3 bis 4 Wochen dauern. Falls sich tatsächlich eine Blutarmut ausgebildet hat, sind die allgemeinen Anzeichen einer Anämie offensichtlich: blasse Schleimhäute, Lethargie und eventuell auch Gelbsucht. Bei starker Erkrankung kann die Milz angegriffen sein, die dann geschwollen und tastbar ist. Zur genauen Diagnose ist eine Blutuntersuchung unbedingt notwendig, um die Erkrankung von einer unspezifischen Anämie zu unterscheiden, jedoch kann man die Erreger nicht immer nachweisen.

Behandlung

Rickettsienbedingte Erkrankungen lassen sich homöopathisch nur sehr schwierig behandeln. Daher sollte man primär unterstützend wirkende Arzneimittel (Adjuvantia) auswählen. Dazu gehören:

Arsenicum album (syn. Acidum arsenicosum) Läßt beschädigte rote Blutkörperchen (Erythrozyten) heilen. Wenn bei der Blutuntersuchung eine erhöhte Anzahl weißer Blutkörperchen (Leukozyten) festgestellt wird, sollte dieses Arzneimittel unbedingt gegeben werden. Dosis: M1, 1mal täglich 14 Tage lang.

Crotalus horridus Das homöopathisch aufbereitete Schlangengift hilft bei Fällen von Gelbsucht. Die Haut sieht meist bräunlich-gelb und fleckig aus. Dieses sehr kräftige Arzneimittel hilft bei Erkrankungen, die durch Hämolyse (Zerstörung der Blutkörperchen) gekennzeichnet sind und besitzt eine ausgeprägte Affinität zu starken Blutungen (Hämorrhagien). Dosis: D200, 3mal wöchentlich 4 Wochen lang.

Lachesis Wirkt ähnlich wie *Crotalus horridus*; man gibt dieses Mittel jedoch bei schwächeren Lebererkrankungen. Die Haut besitzt ein eher rötliches als gelblich-braunes Aussehen. Auch hier werden charakteristischerweise Blutkörperchen zerstört, während die Krankheit entsteht. Dosis: D30, 2mal täglich 10 Tage lang.

China (syn. Cinchona succiruba) Wie bei anderen Erkrankungen mit Schwäche und Lethargie nach starkem Flüssigkeitsverlust ist *China* als ein ergänzendes Mittel geeignet. Dosis: D6, 4mal täglich an 2 aufeinanderfolgenden Tagen. Die Behandlung kann gefahrlos wiederholt werden.

Katzenleukämie

Unter Katzen, die in Gruppen leben, ist diese Krankheit weitverbreitet. Aber nicht bei jedem Tier, das das Virus trägt, zeigen sich automatisch auch die Symptome. Einzeln gehaltene Tiere sind allerdings weit weniger gefährdet. Das Virus greift einen bestimmten Bereich (das mononukleäre Phagozytensystem) des Immunsystems an, der sich durch das ganze Bindegewebe zieht. Daher können an den verschiedensten Stellen Symptome und Schädigungen dieser Krankheit, z. B. Lymphosarkome, entstehen.

Das Virus setzt sich vornehmlich im Lymphgewebe fest, andere Körpersysteme sind hingegen weniger gefährdet. Auch wenn primär nur das Lymphsystem betroffen ist, können Viren auch auf anderen Wegen, z. B. über Speichel, Milch und Urin, ausgeschieden werden.

Symptome

Aufgrund des weitläufigen Befalls des mononukleären Phagozytensystems und der Schwächung des Immunsystems können zahlreiche Symptome auftreten. Daher entstehen unterschiedlich ausgeprägte Krankheitsbilder, die ansonsten nicht auftreten würden. Hauptsächlich sind dies Leukämie bzw. Lymphosarkome. Trächtige Katzen können eine Fehlgeburt erleiden, gelegentlich wird der Fötus auch resorbiert (das heißt, vom Organismus aufgelöst und quasi »verdaut«) – mit oder ohne Scheidenausfluß. Da sich der Körper – infolge des Ausbleibens der Immunantwort – nicht mehr ausreichend schützen kann, nehmen relativ harmlose Erkrankungen vielfach schwere Formen an. Nach Meinung einiger Ärzte ist die überall zunehmende Zahl von Katzen, die mit

Nierenentzündung zum Tierarzt gebracht werden, auf das Katzenleukämie-Virus zurückzuführen. Charakteristisch ist eine Blutarmut (Anämie); diese kann auch unabhängig von der Leukämie auftreten. Leukämie entsteht infolge einer Erkrankung des Knochenmarks, das Krebszellen in den Blutkreislauf abgibt. Da ganz unterschiedliche Bereiche und Organe des Körpers über das mononukleäre Phagozytensystem angegriffen werden, können sich Lymphosarkome entwickeln. Lymphosarkome können parallel zu einer Leukämie – oder unabhängig davon – in den Lymphknoten des Gekröses auftreten, was zu tastbaren Geschwulsten (Tumoren) führt. Bei Befall des Lymphgewebes in der Thymusdrüse kommt es zu Atemproblemen. Geschwulste in der Leber sind nicht ungewöhnlich und können ebenfalls so groß werden, daß man sie ertasten kann.

Diagnose

Die Diagnose wird aufgrund spezieller Untersuchungen zur Identifizierung des Virus erstellt, obwohl die Symptome für Katzenhalter, die mit dieser Krankheit vertraut sind, eindeutig sind. Eine Blutuntersuchung ist nicht immer verläßlich.

Behandlung

Da das Virus gezielt das Immunsystem blockiert, ist selbst eine Behandlung in der Homöopathie spekulativ. Schließlich muß man berücksichtigen, daß homöopathische Arzneimittel in erster Linie über das Abwehrsystem wirken. Eine Nosode gegen Katzenleukämie, die aus einem Lymphosarkom hergestellt wird, hat sich in einigen Fällen als nützlich erwiesen, während die gleiche Behandlung in anderen Fällen versagte. Je nach betroffenem Organ oder Körperbereich können unterstützende Mittel zusammen mit dieser Nosode helfen. In einem Fall sprach eine Abessinierkatze mit einem Leber-Lymphosarkom auf eine Kombination aus *Katzenleukämie-*Nosode und *Phosphorus* an. Die Geschwulst ging innerhalb von 4 Monaten allmählich zurück. Mehrere gleichzeitig erkrankte Lymphdrüsen lassen sich gewöhnlich nicht behandeln. Jedoch sollte man auf alle Fälle versuchen, dem Tier durch kombinierte Gabe von Nosode und Mitteln wie *Calcium fluoratum* (syn. *Calcium fluoricum*) oder *Silicea* (syn. *Acidum silicicum*) Erleichterung zu verschaffen.

Vorbeugung

Zur Zeit gibt es keinen konventionellen Impfstoff gegen diese Krankheit, wohl aber einige Nosoden: eine Nosode wurde aus Lymphosarkom und zwei andere aus virenhaltigem Blut hergestellt.
Nach den Erfahrungen des Autors kann ein Pulver (Dosis: D30, 3 Tage lang morgens und abends, anschließend 4 Wochen lang 1mal wöchentlich und 6 Monate lang 1mal im Monat) in gewissem Umfang verhindern, daß Krankheitssymptome bei gefährdeten Katzen auftreten.

Erkrankungen des Bewegungsapparats

Muskelentzündung (Myositis)

Ursachen

Als Ursachen kommen eine Veranlagung (systemische Ursache) oder eine Verletzung (traumatische Ursache) in Frage. Bei systemischem Ursprung ist für gewöhnlich eine Infektion durch Bakterien oder Viren vorhanden; ein Muskeltrauma entsteht hingegen aufgrund irgendeiner Verletzung. Traumatische Schädigungen führen meist zu einer Sepsis des Gewebes, die gelegentlich sehr weitläufig sein kann.

Symptome

Ein bestimmter Muskel kann angeschwollen sein, häufig gibt es jedoch keine besonderen Anzeichen. Der Besitzer einer Katze bemerkt die Erkrankung, wenn das Tier bei Bewegung oder beim Anheben kläglich maunzt. Je nach entzündeter Muskelpartie nimmt die Katze unterschiedliche Körperhaltungen ein, beispielsweise macht sie den Rücken krumm, wenn die Lendenmuskulatur angegriffen ist. Sollte sich der Unterleib bretthart anfühlen, kann dies als sicheres Indiz gewertet werden, daß die Muskeln dort schmerzen.

Behandlung

Aconitum napellus Wirkt im Frühstadium schmerzlindernd, vor allem bei einer Infektion durch Bakterien oder Viren. Bei plötzlichem Krankheitsausbruch kann das Schockrisiko herabgesetzt werden. Dosis: M1, stündlich in 3 Gaben.

Rhus toxicodendron Charakteristischerweise geht es dem Tier nach Bewegung besser, obwohl es zunächst Schmerzen verspürt. *Rhus* wirkt stärker auf die linksseitige Muskulatur als auf die rechtsseitige. Ein weiteres typisches Symptom ist, daß die Katze zu Beginn der Krankheit vollkommen verschwitzt und klitschnaß ist. Dosis: D6, 2mal täglich 21 Tage lang.

Bryonia alba Die Katze will sich partout nicht bewegen und versucht, auf den entzündeten Muskeln zu liegen, da der ausgeübte Druck die Muskelschmerzen lindert. Meist hilft auch eine Wärmetherapie. Dosis: D6, 2mal täglich 15 Tage lang.

Curare Hilft bei allgemeiner Schwäche sowie einer Teillähmung der betroffenen Muskulatur. Die Muskelreflexe sind nicht mehr vorhanden. Dosis: D30, 1mal täglich 14 Tage lang.

Causticum Charakteristische Symptome sind Kontraktionen der Sehnen sowie steife Muskeln. Wenn sich die Katze an warmen Orten aufhält, geht es ihr sichtbar besser. Diese Arznei ist eher für ältere Katzen geeignet, die nicht mehr so sicher laufen können. Dosis: D12, 2mal täglich 14 Tage lang.

Zincum metallicum Gibt man bei Muskelzittern. Das Tier erkrankt meist im Anschluß an eine Infektion durch Bakterien oder Viren. Dosis: D30, täglich 21 Tage lang.

Strychninum Wird bei heftigen Muskelkontraktionen gegeben, die Teil einer systemischen Krankheit sind. Die Katze weiß nicht, wie sie sich drehen und wenden soll, und nimmt daher die unterschiedlichsten Positionen ein. Dosis: D30, täglich 15 Tage lang.

Gelsemium sempervirens Die Symptome dieser Arznei sind primär Schwäche und gelegentliche Lähmungen. Meist ist die gesamte Muskulatur in Mitleidenschaft gezogen, die Ursache ist in der Regel systemisch. Dosis: D12, täglich 15 Tage lang.

Knochenbrüchigkeit (Osteoporose)

Symptome

Man versteht darunter eine Krankheit, bei der die Knochen zunehmend porös werden. Die Ursache hierfür sind Stoffwechselstörungen. Diese treten aufgrund unterschiedlicher systemischer Erkrankungen auf und führen schließlich zu einem mangelhaften Knochenwuchs, so daß sich die Katze nun häufiger die Knochen bricht. Eine genaue Diagnose kann man erst per Röntgenbild erstellen.

Behandlung

Calcium phosphoricum Ist ideal für junge Katzen, die sich noch im Wachstum befinden, weil *Calcium* *phosphoricum* besonders stark die Entwicklung der Knochen und Muskeln fördert. <u>Dosis:</u> D30, 1mal täglich 21 Tage lang.

Calcium fluoricum (syn. Calcium fluoratum Flußspat wirkt auf das Gewebe, fördert die Knochenhärtung und stärkt die Knochenhaut (Periost). <u>Dosis:</u> D30, 1mal täglich 21 Tage lang.

Hekla lava Fördert ebenfalls die Knochenbildung. Im puren Zustand verursacht *Hekla* verschiedene Knochenauswüchse (Exostosen). Treten solche »Überbeine« zu häufig auf, kann es zu spröden Knochen und indirekt auch zu Brüchen führen. In der Homöopathie erzielt man mit *Hekla* in solchen Fällen gute Erfolge. <u>Dosis:</u> D12, 2mal täglich 21 Tage lang, anschließend M1, 1mal wöchentlich 4 Wochen.

Silicea (syn. Acidum silicicum) Dieses Mittel wirkt sich gleichfalls positiv auf das Knochengerüst aus. <u>Dosis:</u> D200, 1mal wöchentlich 6 Wochen lang.

Knochenmarks- entzündung (Osteomyelitis)

Bei einer akuten Osteomyelitis handelt es sich um eine Infektion des Knochens, die von der Markhöhle ausgeht. Bei einer chronischen Knochenmarksentzündung liegt die Ursache in der Knochenhaut (Periost). Durch diese Entzündung entstehen Knochenzysten und Abszesse, die sich zum Periost hin öffnen.

Ursachen

Bei einer akuten Form dringen Eiterbakterien über den Blutweg oder durch komplizierte Brüche in die Markhöhle ein. Die chronische Knochenmarksentzündung entsteht bei Infektion der Knochenhaut, z. B. durch Stichwunden oder Bisse. In erster Linie wird die Eiterbildung durch Staphylokokken, aber auch durch Streptokokken verursacht.

Symptome

Der akute Krankheitsverlauf ist gekennzeichnet durch Lahmsein, Fieberanfälle und Anschwellen des betroffenen Gliedes. Abszeßbildung mit eitrigem Ausfluß sowie leichtes Fieber sind Frühsymptome der chronischen Osteomyelitis. Im Zweifelsfall sollte die Katze geröntgt werden.

Behandlung

Arzneien für die akute und chronische Osteomyelitis:

Aconitum napellus Sollte immer bei Fieber in der Anfangsphase einer akuten Entzündung gegeben werden. Unter Umständen muß die Behandlung ein- oder zweimal wiederholt werden. <u>Dosis:</u> M1, 4 Gaben im Abstand von je 1 Stunde.

Hepar sulfuris Ideal bei starken Schmerzen im akuten Krankheitsfall. Ein typisches Symptom ist die extreme Schmerzempfindlichkeit. <u>Dosis:</u> D30, 3mal täglich 7 Tage lang.

Ruta graveolens Da diese Arznei Infektionen oder Entzündungen der Knochenhaut heilt, sollte sie bei akuter Osteomyelitis gegeben werden, um eine chronische Erkrankung zu verhindern. Dosis: D6, 3mal täglich 10 Tage lang.

Calcium fluoricum (syn. Calcium fluoratum) Ist besonders für junge Tiere geeignet, die sich noch in der Entwicklung befinden. Dosis: D30, 3mal wöchentlich 6 Wochen lang.

Silicea (syn. Acidum silicicum) Gibt man, wenn sich bei einem chronischen Krankheitsverlauf bereits mehrere Abszesse im Knochen gebildet haben. Dosis: D200, 2mal wöchentlich 6 Wochen lang.

Tuberculinum bovinum Obwohl Osteomyelitis nichts mit der Tuberkulose des Menschen zu tun hat, kann die Nosode dennoch bei diesem Knochenleiden eingesetzt werden. Dosis: D200, 1mal monatlich 3 Monate lang.

Symphytum Kann Knochenschwäche und Knochenbrüche verhindern. Dosis: D200, 1mal wöchentlich für 8 Wochen.

Staphylococcinum Diese Nosode kann mit anderen Mitteln kombiniert werden, wobei 1 Dosis D200 normalerweise ausreicht.

Rachitis (Englische Krankheit)

Diese Funktionsstörung der Knochen führt dazu, daß Mineralstoffe wie Kalzium und Phosphor nicht aufgenommen werden. Dies führt zu Knochenerweichung sowie zur Verformung und Verdickung der Gelenke. Bei jungen Kätzchen spricht man dann von Rachitis.

Ursache

Die Krankheit ist hauptsächlich auf einen Vitamin-D-Mangel zurückzuführen, der den Kalzium- und Phosphorstoffwechsel beeinträchtigt.

Symptome

Durch die Knochenerweichung bekommt das Kätzchen »O-Beine«. Die Schwellungen der Gelenke können sehr schmerzhaft sein. Im Bereich der Rippen stehen die Schwellungen wie die Perlen eines Rosenkranzes hervor.

Behandlung

Calcium carbonicum Wirkt sich sehr positiv auf das Kalzium-Phosphor-Verhältnis aus. Dosis: D30, 2mal wöchentlich 6 Wochen lang.

Calcium phosphoricum Hilft besonders dann, wenn man mit *Calcium carbonicum* keine zufriedenstellenden Resultate erzielt hat. Das Mittel eignet sich eher für junge Perserkatzen und Birmesen.

Knochenerweichung (Osteomalazie)

Die Krankheit, bei jungen Katzen als Rachitis bezeichnet, nennt man bei älteren Katzen Knochenerweichung (Osteomalazie). Bei einer Osteomalazie sind die Knochen kaum verformt, vielmehr ist die Katze lahm. *Silicea* (syn. *Acidum silicicum*), *Hekla lava* und *Acidum phosphoricum* sind hilfreiche Arzneien zur Stärkung der Knochenbildung. Man gibt als Potenz entweder D12 oder D200.

Unvollständige Knochenbildung

Dieses Leiden kommt bei Katzen wesentlich häufiger vor als Rachitis oder Osteomalazie. Als vermutliche Ursache kommt eine kalziumarme Ernährung in Betracht. Nach Meinung einiger Fachleute sind Siamkatzen für diese Krankheit besonders anfällig.

Symptome

Das Kätzchen erscheint weniger munter. Das Tier hat starke Schmerzen und ist lahm; häufig kommt es aufgrund der Sprödigkeit seiner Knochen zu spontanen Frakturen. Unsichere Fälle sollten durch eine Röntgenaufnahme abgeklärt werden.

Behandlung

Zur Stärkung des Kalzium-Phosphor-Stoffwechsels gibt man *Calcium phosphoricum* D30 (2mal wöchentlich 8 Wochen lang). *Hekla lava* stärkt zerbrechliche Knochen und sollte als D12 2mal wöchentlich für 4 Wochen gegeben werden. *Silicea* (syn. *Acidum silicicum*) kommt eher zur Langzeitbehandlung in Betracht und sollte als D200 (2mal wöchentlich 6 Wochen lang) gegeben werden.

Knochentumoren

Verschiedene Knochentumoren (Osteosarkome) kommen hin und wieder auch bei Katzen vor. Die Wucherungen können überall entstehen, tauchen am häufigsten aber an den oberen Vorder- und Hinterläufen auf. Ein Tumor erscheint meist in Form einer Schwellung, die gewöhnlich von Schmerzen und Lahmsein begleitet wird. Knochentumoren lassen sich nur sehr schwer behandeln, jedoch wurden gelegentlich mit Mitteln wie *Silicea* (syn. *Acidum silicicum*), *Hekla lava*, *Condurango* und *Calcium fluoricum* (syn. *Calcium fluoratum*) in den Potenzen D30 und D200 Heilerfolge erzielt.

Gelenkentzündung (Arthritis)

Diese Entzündung kann als Knochen- und Gelenkentzündung (Osteoarthritis) oder als rheumatische Arthritis auftreten, wobei die letztere Form häufiger ist.

Knochen- und Gelenkentzündung (Osteoarthritis)

Bei einer Osteoarthritis werden vornehmlich die Wirbel des Rückgrats befallen, was zu einer Wirbelentzündung (Spondylitis) führen kann. Die Katze erscheint lahm und will sich partout nicht bewegen. Sie sträubt sich auch dagegen, die Gelenke zu bewegen. Als geeignete Mittel kommen *Rhus toxicodendron* D6 bis M1, *Bryonia alba* D6, *Acidum salicylicum* D30 und *Actaea racemosa* D30 in Betracht. Die Behandlung kann sich möglicherweise über einen längeren Zeitraum erstrecken. Abhängig vom Anschlagen der Arzneimittel muß man diese eventuell auch alternierend einsetzen.

Rheumatische Arthritis

Bei einer rheumatischen Arthritis sind meist nicht nur ein Gelenk, sondern mehrere entzündet. Sehr oft sind kleinere Gelenke befallen, z. B. an den Fußwurzelknochen (Carpalia). Meist wird gleichzeitig mehr Gelenkschmiere (Synovialflüssigkeit) gebildet, was zu schmerzhaften Schwellungen führt. Zu den Symptomen zählen erhöhte Temperatur und starke Schmerzen, wenn die Gelenke bewegt werden. Außerdem hat die Katze keinen Appetit, fühlt sich unwohl und verliert an Gewicht.

Behandlung

Je nach Symptomen haben sich *Rhus toxicodendron* D6 bis M1, *Acidum formicicum* D6, *Actaea racemosa* D30 und *Caulophyllum* D30 als recht gute Mittel erwiesen. Wenn die Gelenke durch übermäßige Bildung von Gelenkschmiere (Synovialflüssigkeit) stark geschwollen sind, dann ist *Apis mellifica* D30 sehr nützlich.

Vitamin-A-Hypervitaminose

Wenn eine Katze zu häufig mit Leber gefüttert wird, können sich die Knochen an bestimmten Gelenken vergrößern (z. B. an der Fußwurzel oder im Halsbereich). In Extremfällen kann das Gelenk überhaupt nicht mehr bewegt werden. Die Beweglichkeit der Katze nimmt ab, weil ihre Muskeln verkümmern (atrophieren). Als erste Maßnahme sollte die Katze anstelle von Leber anderes Fleisch zu fressen bekommen. Wenn das Leiden noch nicht sehr fortgeschritten ist, kann man *Rhus toxicodendron* D6 bis M1, *Acidum salicylicum* D30, *Caulophyllum* D30 und *Actaea racemosa* D30 geben. Leichte Erkrankungen können bereits verschwinden, wenn die Katze generell keine Leber mehr bekommt.

Erkrankungen des Nervensystems

Nervenkrankheiten treten bei Katzen wesentlich seltener auf als bei Hunden. Gelegentlich findet man jedoch Funktionsstörungen, die auch das Nervensystem unterschiedlich stark in Mitleidenschaft ziehen. So wurden beispielsweise unterschiedlich ausgeprägte motorische Koordinationstörungen (Ataxien) und epileptische Anfälle beobachtet.

Epilepsie

Unter den Begriff Epilepsie können einzelne Krampfanfälle oder Ohnmachten fallen, aber auch länger anhaltende Anfälle, die unregelmäßig auftreten. Die Symptome fallen sehr unterschiedlich aus und reichen von Überaktivität bis hin zu Bewußtlosigkeit, aus der die Katze verstört erwacht und nicht auf Berührung oder andere Umweltreize reagiert. Viele Anfälle werden durch Mangel an Thiamin (Vitamin B1) verursacht, wenn eine Katze ausschließlich von Futter lebt, das zuwenig von diesem Vitamin enthält. Nach Meinung einiger Fachleute kann die Ursache manchmal darin liegen, daß die Katze überproportional häufig mit Dosenfutter ernährt wird.

Behandlung

Die folgenden Heilmittel können oft bei Epilepsie helfen. Allerdings lassen sich viele Tiere nicht behandeln, und auch die Krankheit selbst ist äußerst unvorhersehbar.

Belladonna Gilt als das bedeutendste Mittel bei Epilepsie. Charakteristische Symptome sind Bewußtlosigkeit, geweitete Pupillen und ein pochender Puls. Dosis: D200 und M1, 3 Gaben stündlich.

Cocculus Gibt man bei chronischer Epilepsie und Anfällen, die vermutlich durch eine Reise oder ungewohnte Bewegung ausgelöst wurden. Dosis: D6, 4 Gaben stündlich bei akuten Fällen. Eine Langzeitbehandlung, z. B. die gleiche Dosis täglich 21 Tage lang, beugt Rückfällen vor.

Cicuta virosa Wasserschierling wirkt besonders, wenn die Katze ihren Hals in ungewöhnlicher Weise verrenkt, z. B. den Kopf nach hinten biegt oder zur Seite dreht. Dosis: D30, 1mal täglich 10 Tage lang.

Stramonium Gibt man, wenn die Katze vor einem Anfall besonders oft auf die linke Seite fällt. Dosis: D30, 1mal täglich 7 Tage lang.

Amanita muscaria (syn. Agaricus muscarius) Vor oder nach einem Anfall zeigt die Katze typische Koordinationsstörungen. Sie stolpert umher und bewegt sich, als sei sie betrunken. Dosis: D6 bis D30, 2mal täglich 15 Tage lang.

Plumbum metallicum Vielen Schwermetallen schreibt man unterschiedlich starke Gehirnschädigungen zu. *Plumbum* wurde immer dann erfolgreich eingesetzt, wenn die Muskulatur der Katze geschwächt war und ihre Haut und Schleimhäute blaugrau aussahen. Dosis: D30, 1mal täglich 21 Tage lang.

Cuprum metallicum Wird bei Begleiterscheinungen wie krampfartiger und eingeschränkter Beweglichkeit gegeben. Dosis: D6, 3mal täglich 14 Tage lang.

Es können auch folgende Mittel gegeben werden: *Absinthum* D6, *Zincum metallicum* D30, *Arnica montana* D30, *Natrium sulfuricum* D200, *Bufo rana* D30, *Opium* D30 und *Tarantula hispanica* D30. Die einzelnen Symptome, die für das jeweilige Mittel sprechen, sind in den Materia Medica nachzulesen. Dies sollte jeder tun, bevor er sich selbständig für eines dieser Mittel entscheidet.

Schlaganfall

Manchmal können ältere Katzen einen Schlaganfall erleiden. Die Ursache ist vermutlich ein Blutgerinnsel (Thrombus), das ein Blutgefäß im Gehirn verstopft.

Symptome

Nach dem eigentlichen Schlaganfall, der immer ganz unverhofft auftritt, können bestimmte Körperbereiche der Katze unbeweglich bleiben; so können beispielsweise Gesichts- oder Kopfmuskeln gelähmt sein, manchmal sogar eine ganze Körperhälfte. Ein leichter Schlaganfall äußert sich meist nur darin, daß die Katze Koordinationstörungen hat und durch die Gegend trudelt. Gelegentlich treten Sehstörungen auf. Die Katze schielt, oder ihre Pupillen sind unterschiedlich geweitet, z. B. ist die eine Pupille verengt, die andere weit geöffnet. Falls die Lippenmuskeln gelähmt sind, so kann das Tier stark speicheln und sabbern.

Behandlung

Aconitum napellus Sollte man als Hochpotenz unmittelbar nach einem – plötzlich auftretenden – Schlaganfall geben, da *Aconitum* den Schock rasch behebt und die Wirkung anderer Mittel verbessert. Dosis: M10, direkt nach der Attacke, diese Dosis sollte nach 30 Minuten wiederholt werden.

Opium Ist ein besonders wichtiges Mittel bei einem Schlaganfall, der durch Bewußtlosigkeit, verengte Pupillen und schwere, röchelnde Atmung gekennzeichnet ist. Während der Genesung ist die Katze außerordentlich schläfrig. Dosis: D200, direkt nach dem Anfall, die gleiche Dosis sollte nach 2 Stunden noch einmal gegeben werden.

Conium maculatum Wirkt besonders gut bei älteren Katzen. Charakteristisch ist, daß die Hinterläufe nach der Genesung ziemlich geschwächt sind. Dosis: D30, 1mal täglich 10 Tage lang.

Bufo rana Oftmals blutet der Katze während eines Krampfanfalls die Nase, wodurch es ihr besser zu gehen scheint. Die Symptome werden durch Lärm und Licht verschlimmert. Vor einem Schlaganfall dreht die Katze ihren Kopf nach hinten oder zur Seite. Dosis: D30, 2mal täglich 10 Tage lang.

Arnica montana Da ein Schlaganfall letzten Endes auch nur eine bestimmte Art von Verletzung ist, kann man getrost dieses weitverbreitete Mittel geben. Dosis: D200, 1mal täglich 3 Tage lang.

Koordinations-störung (Kleinhirnataxie)

Das Virus, das diese Krankheit bei jungen Katzen hervorruft, ist mit dem Katzenpest-Virus eng verwandt. Nach Meinung mancher Wissenschaftler handelt es sich um dasselbe Virus. Das Krankheitsbild ist durch Koordinationsstörungen, unsicheren Gang, Gleichgewichts- und andere Störungen am zentralen Nervensystem gekennzeichnet. Manchmal macht das Tier übertrieben große Schritte. Wenn die Hirnnervenbahnen betroffen sind, kann das Kätzchen Schwierigkeiten beim Fressen und Saufen haben.

Behandlung

Falls das Hirngewebe noch nicht zerstört ist, können bei rein funktionellen Erkrankungen mehrere Mittel mit Erfolg eingesetzt werden.

Stramonium Ein typisches Anzeichen ist der unkoordinierte Gang; das Kätzchen fällt auch häufig auf die linke Seite. *Stramonium* hilft auch, wenn die Tiere schielen oder an Augenzittern (Nystagmus) leiden. Die Augen sind weit geöffnet, der Blick ist starr. Dosis: D12, 3mal täglich 7 Tage lang.

Cicuta virosa Das Tier fällt recht häufig um, gelegentlich ist der Nakken S-förmig gekrümmt. In solchen Fällen, aber auch bei eventuell auftauchenden Krämpfen, ist *Cicuta* angezeigt. Dosis: D30, 2mal täglich 7 Tage lang.

Hyoscyamus niger Zu den typischen Symptomen des Bilsenkrauts zählen verstärktes Kopfschütteln, häufige Muskelzuckungen sowie gleichzeitig Leibschmerzen. Das kranke Tier ist unruhig und legt sich andauernd in eine andere Position. Dosis: D200, 1mal täglich 7 Tage lang.

Cuprum aceticum Ist angezeigt, wenn auch die Zunge in Mitleidenschaft gezogen ist. Neben unwillkürlichen Zuckungen läßt das Kätzchen seine Zunge häufig aus dem Maul aus- und einschnellen. Außer diesen nervösen Symptomen beobachtet man eventuell eine gespannte Bauchdecke und braunen, schleimigen Kot. Dosis: D6, 3mal täglich 7 Tage lang.

Helleborus niger Wird bei Anzeichen von Kopfschmerzen gegeben. Um ihre Schmerzen zu lindern, schlägt die Katze immer wieder mit dem Kopf gegen feste Gegenstände. Dosis: D6, 3mal täglich 5 Tage lang.

Zincum metallicum Üblicherweise rollt die Katze mit dem Kopf und rudert mit den Pfoten. Sie läßt sich relativ leicht erschrecken, wodurch die Symptome noch schlimmer werden. Dosis: D30, 1mal täglich 7 Tage lang.

Bryonia alba Gibt man am besten, wenn es der Katze in Ruhe sichtlich besser geht. Das gilt auch, wenn ihr Bewegung offenbar nicht gut tut – wenn ihr also beispielsweise schwindelig wird, oder wenn sie aufstehen oder sich bewegen soll. Die Katze will Wasser saufen, obwohl diese Versuche meist erfolglos sind. Dosis: D6, 3mal täglich 5 Tage lang.

Sulfonalum Zeichen von Schwindel treten auf. Die Augen sind blutunterlaufen, der Urin spärlich, das Tier triebstark. Gelegentlich kommt es zu Lähmungen (Paralyse). Dosis: D6, 3mal täglich 10 Tage lang.

Vorbeugung

Zur Vorbeugung kann man eine Nosode aus infiziertem Material sowie ein Oral-Vakzin aus dem Virus herstellen lassen. Anleitungen zur genauen Dosierung finden sich im Abschnitt »Vorgehen beim homöopathischen Impfen«.

Bewegungsstörungen (Lokomotorische Ataxie)

Diese Erkrankung, deren Symptome Schwäche der Hinterläufe und Koordinierungsstörung sind, findet man gelegentlich bei älteren Katzen. Die Ursache kann entweder eine Erkrankung des zentralen Nervensystems (ZNS) oder eine Schädigung der Wirbelsäule sein, z. B. eine Erkrankung der Bandscheiben.

Symptome

Die Katze torkelt und geht unsicher, so daß sie weder Treppen hochklettern kann noch sich anders zu bewegen vermag. Häufig beobachtet man, wie das Tier merkwürdige und übertriebene Bewegungen macht.

Behandlung

Conium maculatum Wird bevorzugt bei einer Schwäche der Hinterläufe genommen. *Conium* verleiht den Muskeln neue Kraft und macht die Katze beweglicher. <u>Dosis</u>: D30 bis M10, 3mal wöchentlich 3 Wochen lang.

Amanita muscaria (syn. Agaricus muscarius) Sollte einem übertriebenen Gang entgegenwirken. Die Katze wankt wie betrunken und taumelt oft aufgrund von Schwindelgefühlen; jedoch fehlen Krämpfe. <u>Dosis</u>: D30, 1mal täglich 10 Tage lang.

Lathyrus sativus Häufig sind verschiedene motorische Nerven gelähmt. Mit *Lathyrus* kann man oft auch dann Erfolge erzielen, wenn

andere, scheinbar besser geeignete Mittel versagt haben, wie etwa *Conium maculatum*. <u>Dosis</u>: D200, 3mal wöchentlich 4 Wochen lang.

Causticum Hahnemanni Wirkt vor allem bei älteren Katzen, wenn ein einzelner Nerv (wie etwa der Ischiasnerv oder Radialis-Nerv) gelähmt ist, so daß die Lähmung lokal begrenzt ist. <u>Dosis</u>: D30, 1mal täglich 14 Tage lang.

Gelsemium sempervirens Eignet sich bei leichtem Schlaganfall, wenn lediglich Nerven und Muskulatur insgesamt etwas geschwächt erscheinen. Kleinere periphere Nerven sind häufiger betroffen als die großen Nervenstränge. <u>Dosis</u>: D200, 3mal wöchentlich 3 Wochen lang.

Radialis-Lähmung

Eine Lähmung des Radialis-Nervs ist bei Katzen keine Seltenheit. Sie entsteht durch eine Verletzung des Nervs an seiner Basis in der Schulter- bzw. Achselgegend.

Symptome

Der Unterarm ist gesenkt, so daß die Pfote wegknickt, sie schleift über den Boden. Ein Arm erscheint länger als der andere.

Behandlung

Je nachdem, wie stark der Radialis geschädigt ist, kann die Behandlung zufriedenstellend verlaufen oder nicht; man sollte nicht allzu optimistisch sein. Eine leichte Schädigung kann auf eines der folgenden Mittel ansprechen:

Plumbum metallicum Bietet nachweislich die wahrscheinlich besten Chancen für einen guten Erfolg. Dosis: D30, 1mal täglich 3 Wochen lang.

Lathyrus sativus Hilft auch bei Lähmungen der motorischen Nerven und sollte gegeben werden, wenn mit *Plumbum metallicum* keine Besserung erzielt wurde. Dosis: D200, 3mal wöchentlich 4 Wochen lang.

Causticum Hahnemanni Eignet sich eher für ältere Katzen, die verwahrlost aussehen und allgemein sehr schlapp sind. Das Tier fröstelt meist und ist gegen kalten Wind und Zugluft empfindlich. Dosis: D30, 1mal täglich 14 Tage lang.

Gelsemium sempervirens Hilft bei einer leichten Radialis-Lähmung, die sich auch auf die benachbarten kleineren Nerven ausdehnt. Insgesamt wirkt die Katze schlapp und müde. Dosis: D200, 3mal wöchentlich 4 Wochen lang.

Angustura vera Ist zwar weniger bekannt, wirkt jedoch bevorzugt auf die Nerven der Unterarme und Pfoten. Daher bietet sich *Angustura* als ideales Zusatzmittel (Adjuvans) an. Dosis: D30, 1mal täglich 10 Tage lang.

Rückenmarks-entzündung (Myelitis)

Eine Entzündung des Rückenmarks ist meist auf Infektionserreger, z. B. spezielle Viren, zurückzuführen.

Symptome

Da sowohl motorische wie auch sensible Nervenbahnen betroffen sein können, kann man außerordentlich viele Symptome beobachten. Beispielsweise können Beine und Schwanz der Katze taub werden, während stark erkrankte Tiere manchmal querschnittsgelähmt sind. Die Katze bewegt sich völlig anders als gewohnt, und gelegentlich hat sie die Schließmuskeln von Harnblase und Mastdarm nicht mehr unter Kontrolle.

Behandlung

Mit folgenden erprobten Arzneimitteln kann eventuell ein Heilerfolg erzielt werden, sofern die Knochenmarksentzündung noch nicht allzu weit fortgeschritten ist.

Conium maculatum Wird bevorzugt bei einer Schwäche der Hinterläufe genommen, deren Symptome von leichter Koordinationsstörung (Ataxie) bis hin zur Querschnittslähmung reichen. Weiterhin typisch ist, daß sich die Krankheit kontinuierlich von den Fußspitzen nach oben ausdehnt. Dosis: D30 bis M10, 3mal wöchentlich 3 Wochen lang.

Lathyrus sativus Gibt man vor allem, wenn die motorischen Nerven gelähmt sind. Die Lähmungen können auch in anderen Körperbereichen, nicht nur an den Hinterläufen auftreten. Dosis: D200, 3mal wöchentlich 4 Wochen lang.

Gelsemium sempervirens Eignet sich bei einer leichten Schwächung unterschiedlicher Nervenstränge. Insgesamt wirkt die Katze sehr abgeschlagen. <u>Dosis</u>: D30 bis D200, zunächst 1mal täglich 10 Tage lang und anschließend 3mal wöchentlich 3 Wochen lang.

Silicea (syn. Acidum silicicum) Gibt man bei Verdacht auf bzw. bei diagnostizierter Verhärtung der Myelinscheiden. *Silicea* eignet sich besonders, um magere oder offenbar nicht so gut genährte Tiere zu behandeln. <u>Dosis</u>: D200, 3mal wöchentlich 6 Wochen lang.

Störung des vegetativen Nervensystems (Key-Gaskell-Syndrom)

Dieses Nervenleiden der Katze ist heutzutage zum Glück seltener geworden als noch vor ein paar Jahren. Die Ursachen dieser Krankheit sind unklar. Das Syndrom selbst äußert sich in einer Störung des vegetativen Nervensystems, vornehmlich in einer ungleichen Wechselwirkung zwischen den beiden Hauptnervengruppen dieses Systems, dem Sympathikus und dem Parasympathikus, die antagonistisch (das heißt, mit einander entgegengesetzter Wirkung) arbeiten. Typische Symptome sind geweitete Pupillen, Schluckbeschwerden, bedingt durch eine Lähmung der Speiseröhre, sowie fehlende Darmaktivität (Peristaltik).

Behandlung

Dieses Leiden ist eigentlich sehr schwer zu behandeln, doch haben folgende Mittel in einigen wenigen Fällen Linderung verschaffen können.

Gelsemium sempervirens D200, 1mal täglich 10 Tage lang.

Opium D200, 2mal wöchentlich 3 Wochen lang.

Atropinum D6, 3mal täglich 7 Tage lang.

Erkrankungen der Augen

Zwar können auch bei Katzen sämtliche Bestandteile des Auges erkranken, jedoch kommt dies für gewöhnlich nicht so oft vor wie bei Hunden. Die Augenlider sind mit Ausnahme einer Virusinfektion bei jungen Katzen selten betroffen. Gelegentlich kann man eine Einkehrung des Lidrandes (Entropium) beobachten, jedoch mehr in der Mitte als in den Lidwinkeln. Aufgrund der hierdurch entstanden Reizung tränen dem Tier die Augen.

Eine medizinische Behandlung ist oft erfolglos, jedoch hat sich *Borax* D12 (2mal täglich 21 Tage lang) als sehr wirksam gezeigt. Wenn man nicht genau weiß, woher der Tränenfluß rührt, helfen Mittel wie *Bromum* D12, *Allium cepa* D12 und *Rhus toxicodendron* M1.

Bindehautentzündung (Konjunktivitis)

Bindehautentzündung ist gar nicht so selten und wird manchmal durch Viren oder Bakterien hervorgerufen.

Symptome

Als erstes Anzeichen tränen der Katze die Augen recht stark. Der aussickernde Ausfluß ist zunächst klar und wird zunehmend bräunlich und schleimig. Gelegentlich fällt auch das sog. dritte Augenlid (Nickhaut) vor. Die Entzündung kann ein Lid oder beide Lider befallen. Eine beidseitige Bindehautentzündung ist oft allergisch bedingt. Das Auge ist meist dunkelrot verfärbt.

Behandlung

Das erkrankte Auge kann 1- oder 2mal täglich mit 10fach verdünnter *Calendula-Hypericum*-Lösung gebadet werden. Darüber hinaus können folgende Mittel zum Einsatz kommen:

Argentum nitricum Lindert die Beschwerden sehr gut. Die Katze ist eher von schüchterner Natur und wirkt ängstlich, wenn man sich ihr nähert. Dosis: D30, 1mal täglich 7 Tage lang.

Pulsatilla Eignet sich besonders für junge, wenn auch etwas launische Schmusekätzchen. Aufgrund von Sekundärinfektionen wird der Ausfluß eitrig. Dosis: D6, 3mal täglich 7 Tage lang.

Ledum palustre Gibt man, wenn sich die Entzündung nach einer Kratz- oder Bißverletzung am Auge entwickelt hat. Dosis: D6, 3mal täglich 7 Tage lang.

Ruta graveolens Wirkt lindernd auf alle Bestandteile des Auges und behebt rasch den Schmerz. Dosis: M1, 1mal täglich 7 Tage lang.

Rhus toxicodendron Hilft vor allem bei beidseitiger Bindehautentzündung, die allergisch bedingt ist. Die Reizung ist sehr stark, und an den Augenrändern können auch schon mal die Haare ausfallen. Die Katze läuft unruhig hin und her, wodurch es ihr offenbar besser geht. Dosis: M1, 1mal täglich 10 Tage lang.

Hepar sulfuris Eignet sich bei akuter Bindehautentzündung mit rascher Vereiterung. Die Katze reagiert äußerst empfindlich, wenn man sie an der entzündeten Stelle berührt. Dosis: M1, 2mal täglich 6 Tage lang.

Arnica montana Kommt immer dann zum Tragen, wenn sich das Leiden einer äußerlichen Verletzung des Auges anschließt, z. B. durch einen Schlag. Dosis: D6, 3mal täglich 5 Tage lang.

Mercurius solubilis Gibt man bei chronischer Entzündung, deren Symptome nachts schlimmer werden. Der Ausfluß aus dem Auge ist grünlich gefärbt, außerdem kann sich auch das Maul entzünden. Dosis: D30, 3mal wöchentlich 4 Wochen lang.

Hornhautentzündung (Keratitis)

Außer der Keratitis werden unter dieser Überschrift auch einfache Abschürfungen und Ulzerationen (Geschwürsbildungen) der Hornhaut (Kornea) besprochen. Bei einer Abschürfung verliert die Hornhaut ihren Glanz und erscheint trübe und stumpf. Die Augen der Katze tränen gewöhnlich stark.

Ulzerationen an der Hornhaut (Hornhautgeschwüre) sind nicht selten, weswegen man manchmal auch von ulzerativer Keratitis spricht. Häufig treten sie nach äußeren Verletzung auf, können jedoch auch infolge einer systemischen (das heißt, den gesamten Körper betreffenden) Ursache entstehen. Die Ulzeration liegt meist zentral und kann sich sekundär infizieren.

Symptome

Neben den leicht erkennbaren Hautschädigungen bemerkt man, daß die Katze häufig auch helles Licht scheut.

Behandlung

Acidum nitricum Eignet sich besonders bei oberflächlichen Geschwüren. Gelegentlich bilden sich auch Geschwüre an Maul und Nasenlöchern. Dosis: D200, 3mal wöchentlich 4 Wochen lang.

Kalium bichromicum Gibt man, wenn die Ulzerationen tiefer gehen und wie mit dem Locheisen gestanzt aussehen. Dosis: D30, 1mal täglich 7 Tage lang.

Cannabis sativa Hilft bei starker Trübung der Hornhaut. Das Auge sieht insgesamt milchig-trüb aus. Dosis: D12, 2mal täglich 15 Tage lang.

Calcium fluoricum (syn. Calcium fluoratum) Wird ebenfalls bei Hornhauttrübung verabreicht, jedoch sind am ganzen Körper auch andere Drüsen angeschwollen, z.B. die Unterzungenspeicheldrüse (Submaxillardrüse). Dosis: D30, 3mal wöchentlich 6 Wochen lang.

Silicea (syn. Acidum silicicum) Gibt man in chronischen Fällen, wenn sich Narben bilden und auch die Pupillen in Mitleidenschaft gezogen sind. *Silicea* eignet sich gut für magere, zähe Katzen, die in ihrer Gesamtkonstitution geschwächt wirken. Dosis: D200, 2mal wöchentlich 6 Wochen lang.

Ruta graveolens Wirkt lindernd auf alle Bestandteile des Auges – genau wie bei Bindehautentzündungen – und dämmt den Schmerz. Dosis: M1, 1mal täglich 10 Tage lang.

Phosphorus Gilt als besonders wichtiges homöopathisches Augenheilmittel. Die Hornhaut wirkt häufig blutunterlaufen, ihre Äderchen sind deutlich zu erkennen. Dosis: D30, 1mal täglich 10 Tage lang.

Entzündung der mittleren Augenhaut (Uveitis)

Die mittlere Augenhaut, die auch als Tunica vasculosa (oder Uvea) bezeichnet wird, umfaßt die Iris, den Ziliarkörper und die Chorioidea (Aderhaut). Die Entzündung dieses Bereiches wird medizinisch Uveitis genannt. Am häufigsten entzünden sich Iris und Ziliarkörper (man spricht dann von einer Iridozyklitis), und zwar infolge von Wundinfektionen oder des Auswachsens eines Hornhautgeschwürs. Diese Entzündung kann akut oder chronisch verlaufen.

Symptome

Bei einer akuten Iridozyklitis sind sehr viele kleine Äderchen zu sehen, und aus Iris und Ziliarkörper rinnt ein Exsudat. Die Pupillen sind zusammengezogen, und die Katze reagiert lichtscheu. Das Auge erscheint durch das wäßrige, leukozytenhaltige Exsudat trübe. Bei einer chronischen Entzündung können Iris und Ziliarkörper miteinander verkleben. Gleichzeitig kann durch eine Stauung des intraokularen Abflußsystems ein Glaukom (Grüner Star) entstehen.

Behandlung

Aconitum napellus Sollte so früh wie möglich gegeben werden. Dosis: M10, 3 Gaben stündlich.
Symphytum Wirkt nach Verletzungen wohltuend auf alle Teile des Auges und beseitigt Schmerz und Unwohlsein. Dosis: D200, 3mal wöchentlich 2 Wochen lang.
Silicea (syn. Acidum silicicum) Gibt man in chronischen Fällen, wenn Iris und Linse verklebt sind, da *Silicea* die Resorption des Exsudates beschleunigt. Dosis: D200, 2mal wöchentlich 6 Wochen lang.
Hamamelis virginica Als typisches Symptom gelten die zahlreichen kleinen Äderchen, die dem Auge ein dunkles Aussehen verleihen. Dosis: D12, 3mal täglich 7 Tage lang.
Phosphorus Gibt man, wenn sich ein Grüner Star (Glaukom) entwikkelt. Das Mittel hilft auch bei Blutungen im Auge. Dosis: D200, 3mal wöchentlich 4 Wochen lang.

Erkrankungen der Linse

Die bedeutendste Erkrankung der Linse ist der Graue Star (Katarakt), den man jedoch bei Katzen nicht so häufig antrifft wie bei Hunden. Grauer Star kann erworben, aber auch angeboren sein, und kommt in unterschiedlichen Formen vor.

Behandlung

Folgende nachweislich erprobte Mittel sollten verwendet werden:
Calcium fluoricum (syn. Calcium fluoratum) Gilt als gutes Stärkungsmittel von Geweben und kann im Frühstadium verhindern, daß die Schädigung der Linse weiter zunimmt. Dosis: D30, 1mal täglich 14 Tage lang.

Silicea (syn. Acidum silicicum)
Eignet sich besonders gut in chronischen Fällen, um Narben auf der Hornhaut aufzulösen. Dosis: D200, 2mal wöchentlich 8 Wochen lang.

Natrium muriaticum (syn. Natrium chloratum) Hilft vor allem in solchen Fällen, bei denen auch die Nieren erkrankt sind. Die kranke Katze ist sehr durstig. Besonders auffällig ist der allgemeine Abbau der Kondition. Dosis: D30, 1mal täglich 21 Tage lang.

Cineraria maritima Hat sich bei Grauem Star als sehr gutes Mittel erwiesen und kann als 10fach verdünnte Urtinktur (∅) verwendet werden. Dosis: 2 bis 3 Tropfen 10%ige ∅, 2mal täglich etwa 2 Monate lang.

Erkrankungen der Netzhaut (Retina)

Zu den wichtigsten Erkrankungen der Netzhaut bei Katzen zählen die Netzhautblutung, eine Netzhautablösung und das Glaukom (Grüner Star).

Netzhautblutungen

Bei einer Netzhautblutung sind die Pupillen geweitet und (in gravierenden Fällen) das Sehvermögen reduziert.

Behandlung
Phosphorus Bietet sich als Therapieversuch an, da hiermit durchweg gute Resultate erzielt wurden. Dosis:

zunächst D200, 3mal wöchentlich 2 Wochen lang, anschließend M1, 3mal wöchentlich 4 Wochen lang.

Crotalus horridus, Bothrops lanceolatus und Vipera Bei einer Langzeitbehandlung sollen inbesondere die Netzhautgefäße in gesundem Zustand gehalten werden. Hierzu bieten sich diese homöopathisch aufbereiteten Schlangengifte an. Sie verhindern, daß sich Blutgerinnsel bilden und sorgen auf diese Weise für eine gute Durchblutung der Netzhaut. Dosis: D200, 2mal wöchentlich 6 Wochen lang.

Netzhautablösungen

Diese Leiden können eigentlich nur operativ behoben werden, bei leichter Erkrankung kann man jedoch auch mal zu einem homöopathischen Mittel greifen. Nach eigenen Erfahrungen sprach das kranke Tier in einem Fall recht gut auf *Phosphorus* D200 an, 3mal wöchentlich 2 Wochen lang.

Glaukom (Grüner Star)

Hierunter versteht man eine Schädigung von Netzhaut und Sehnerv infolge eines überhöhten Augeninnendrucks (z. B. durch Zunahme der Glaskörperflüssigkeit). Normalerweise bildet sich ein Glaukom als Folge einer anderen Erkrankung oder Entzündung des Auges, wie beispielsweise Uveitis. Dieser Abflußstau kann akut oder chronisch verlaufen.

Symptome

Bei der akuten Form ist die Bindehaut gerötet, und klares Sekret läuft aus dem Auge, das halb geschlossen ist. Die Katze mag es partout nicht, wenn man ihren Augapfel berührt. Die Hornhaut ist milchig-trüb. Wenn das akute Glaukom nicht behandelt wird, entwickelt sich daraus ein chronischer Grüner Star. Das gesamte Auge und besonders die Blutgefäße sind deutlich vergrößert, und es entstehen Hornhautverdickungen oder sogar Hornhautgeschwüre.

Behandlung

Vielfach bleibt die Behandlung eines Glaukoms erfolglos. Unabhängig davon kann man es aber mit folgenden Mittel versuchen:

Aconitum napellus Gibt man, um Schmerz und Streß rasch zu vertreiben. Dosis: M10, 3 Gaben stündlich.

Apis mellifica Fördert in gewissem Ausmaß die Resorption der überschüssigen Glaskörperflüssigkeit. Dosis: D30, 2mal täglich 14 Tage lang.

Belladonna Hilft bei pochenden, pulsierenden Netzhautgefäßen. Die Pupillen sind geweitet, insgesamt ist die Katze sehr erregt. Dosis: M1, 1mal täglich 7 Tage lang.

Spigelia Wird bei Schmerzen im Anfangsstadium gegeben. Obwohl die charakteristischen *Spigelia*-Symptome eher Gemütssymptome (und daher bei Katzen nicht so gut zu erkennen) sind, sollte dies kein Hinderungsgrund sein, das Mittel einzusetzen. Dosis: D6, 3mal täglich 10 Tage lang.

Colocynthis Für die Bittergurke gilt das gleiche wie für *Spigelia*. Gelegentlich leidet die Katzen an Bauchschmerzen oder Kolik. Dosis: M1, 1mal täglich 10 Tage lang.

Phosphorus Ist ein ideales Arzneimittel bei chronischem Glaukom. Wie schon erwähnt, wirkt *Phosphorus* sehr intensiv auf das gesamte Auge. Dosis: D200, 3mal wöchentlich 4 Wochen lang.

Erkrankungen der Ohren

Katzen leiden gar nicht so selten unter einer Ohrkrankheit, wobei die hauptsächlichsten Leiden Ohrräude, Gehörgangsentzündung, Mittelohrentzündung und Blutohr sind.

Ohrräude (Otoëdres-Räude)

Diese Katzenräude kommt besonders oft bei jungen Kätzchen vor.

Symptome

Zunächst wackelt die Katze besonders stark mit den Ohren und kratzt sich dort sehr häufig. Im Innenohr wird sehr viel Ohrenschmalz (Cerumen) gebildet, und infolge des starken Kratzens verschorft die Ohrmuschel. Im Zuge einer Sekundärinfektion vereitert meistens auch die Ohrmuschel.

Behandlung

Als erstes kann man die betroffenen Stellen äußerlich mit verschiedenen Lösungen behandeln, z.B. mit 10fach verdünnter *Calendula*-Urtinktur oder Wasserstoffsuperoxid (1:3 mit lauwarmem Wasser gemischt). Folgende Mittel stärken das kranke Tier und unterstützen die Genesung:

Hepar sulfuris Lindert im Frühstadium den Juckreiz und schwächt die Empfindlichkeit ab. Dosis: D30, 1mal täglich 14 Tage lang.

Graphites Gibt man ebenfalls im Frühstadium, wenn sich ein klebriger, leimartiger Ausfluß bildet. Dosis: D6, 3mal täglich 10 Tage lang.

Psorinum Ist immer dann angezeigt, wenn die Katze an starkem Juckreiz leidet und warme Orte aufsucht. Dosis: D30, 1mal täglich 12 Tage lang.

Cinnabaris Erwies sich als sehr erfolgreich, wenn auch folgende Symptome vorlagen: Die Beschwerden nehmen zwischen Sonnenuntergang und Sonnenaufgang zu, und der Ausfluß aus dem Ohr ist oft eitrig. Dosis: D12, 1mal täglich 21 Tage lang.

Malandrinum Diese Nosode hat häufig recht gute Erfolge erzielt und fördert die Heilkraft anderer Mittel. Der Ausfluß ist fast so ähnlich wie bei *Graphites*, jedoch etwas klebriger, und sieht mehr honigfarben aus. Dosis: D200, 1mal wöchentlich 2 Wochen lang.

Arsenicum jodatum Schlägt ganz zu Beginn einer Ohrräude sehr gut an, wenn als einziges Symptom eine einfache Entzündung ohne jeglichen Ausfluß vorliegt. Dosis: D30, 1mal täglich 10 Tage lang.

Rhus toxicodendron Gibt man, wenn auch die Ohrmuschel gerötet und entzündet ist und sich zahlreiche kleine Bläschen gebildet haben. Der Juckreiz ist äußerst stark, die Katze fast immer sehr unruhig. Dosis: M1, 1mal täglich 14 Tage lang.

Tellurum Charakteristisch sind ekzemartige Hautschäden auf der äußeren Ohrmuschel. Das linke Ohr ist häufiger entzündet, aus ihm tropft ein aggressiver, wäßriger Ausfluß, der sehr widerlich riecht. Bei unbehandelter Erkrankung kann auch das Trommelfell vereitern. Dosis: D30, 1mal täglich 14 Tage lang.

Gehörgangsentzündung (Otitis externa)

Diese Entzündung tritt häufiger bei älteren Katzen auf und entsteht vielfach als Folge einer Infektion mit der Milbe *Notoëdres cati*.

Symptome

Als erste Anzeichen der Entzündung beobachtet man, daß die Katze mit den Ohren wackelt und daran kratzt. Meist führt dies dazu, daß sich die Haut verdickt und dann verfärbt.

Behandlung

Silicea (syn. Acidum silicicum) Wird bei sehr starker Verdickung des Ohrepithels gegeben und beugt einer

Vereiterung vor. Dosis: D30, 1mal täglich 14 Tage lang.

Tellurum Wirkt stärker auf das linke Ohr als auf das rechte und wird eher bei chronischen Gehörgangsentzündung gegeben. Das Ohr riecht äußerst abstoßend. Dosis: D30, 1mal täglich 21 Tage lang.

Cinnabaris Typisch ist, daß die Beschwerden zwischen Sonnenuntergang und Sonnenaufgang zunehmen. Als weitere Symptome kommen starker Speichelfluß und eine bräunliche Pigmentierung der Haut hinzu. Dosis: D12, 1mal täglich 14 Tage lang.

Calcium fluoricum (syn. Calcium fluoratum) Zielt in seiner Wirkung vor allem auf (Narben-)Gewebe und beschleunigt den Heilprozeß. Ähnlich wie *Silicea* verhindert *Calcium fluoricum*, daß das Ohrepithel übermäßig verdickt. Dosis: D30, 3mal wöchentlich 4 Wochen lang.

Psorinum Wird dann gegeben, wenn die Katze an äußerst starkem Juckreiz leidet und warme Orte aufsucht. Das Ohr riecht sehr unangenehm, und die Katze wirkt insgesamt recht verwahrlost. Dosis: D30, 1mal täglich 14 Tage lang.

Mittelohrentzündung (Otitis media)

Auch eine Entzündung des Mittelohrs ist bei Katzen nicht ungewöhnlich und vielfach von Symptomen im Bereich des Nervensystems begleitet.

Eine Otitis media wird fast immer durch Bakterien, insbesondere Eiterbakterien, ausgelöst.

Symptome

Ein Besitzer merkt meist am merkwürdigen Gang seiner Katze, daß mit ihr irgendetwas nicht stimmt. So torkelt sie von einer Seite auf die andere oder macht übertrieben große Schritte. Manchmal dreht sich die Katze auch im Kreis oder kreist häufig auch nur mit dem Kopf. Gelegentlich bildet sich ein eitriges Exsudat, dies braucht aber nicht immer der Fall zu sein.

Behandlung

Eine Behandlung ist oft langwierig und schwierig. Je nach den vorliegenden Symptomen können aber folgende Mittel ausprobiert werden:

Aconitum napellus Dieses Mittel sollte sofort gegeben werden, wenn die ersten Symptome auftauchen, da *Aconitum* Schock lindert und das Tier beruhigt. Dosis: D30, 4 Gaben stündlich.

Stramonium Charakteristisch ist, daß das Tier immer wieder auf die linke Seite fällt. Dosis: D30, 1mal täglich 10 Tage lang.

Cicuta virosa Die Symptome machen sich vornehmlich am Kopf bemerkbar: Die Katze verdreht den Kopf in den Nacken oder krümmt ihren Hals S-förmig. Dosis: D30, 1mal täglich 14 Tage lang.

Amanita muscaria (syn. Agaricus muscarius) Allgemein hat die Katze Schwierigkeiten, ihre Bewegungen zu koordinieren. sie wirkt betrunken und kann beispielsweise nicht richtig stehen oder macht übertriebene Bewegungen. Dosis: M1, 1mal täglich 10 Tage lang.

Mercurius solubilis Unterbindet als Hochpotenz eine mögliche Vereiterung. Dosis: M100 (!), 1 einzige Gabe. Die Reaktion der Katze auf dieses Mittel muß genau überwacht werden.

Hepar sulfuris Die Entzündung wird von starkem Druckschmerz im Ohrbereich begleitet. In der angegebenen Potenz verhindert *Hepar sulfuris*, daß sich aus der Entzündung möglicherweise eine Sepsis entwickelt. Dosis: D200, 1mal täglich 5 Tage lang.

Belladonna Wird bei Störungen im zentralen Nervensystem verabreicht, die sich eventuell als leichte Schlaganfälle äußern. Als Begleiterscheinungen beobachtet man geweitete Pupillen und einen hüpfenden Puls. Dosis: D200, 3mal wöchentlich 3 Wochen lang.

Staphylococcinum, Pseudomonas und Pasteurella Können immer dann als Zusatzmittel eingesetzt werden, wenn der Verdacht einer Sekundärinfektion durch einen der Erreger, aus dem diese Nosoden bereitet werden, vorliegt. Dosis: D30, 1mal täglich 5 Tage lang.

Blutohr (Othämatom)

Diese Krankheit findet man sehr häufig als Folge oder Begleiterscheinung eines anderen Ohrleidens. Ein Blutohr entsteht, wenn die Katze permanent den Kopf schüttelt und an den Ohren kratzt. Dabei ergießt sich Blut zwischen die Ohrknorpel und die Hautschichten der Ohrmuschel. Infolge dieses Bluteinschlusses entsteht eine eigroße Schwellung des Ohrs, die häufig heiß und sehr empfindlich ist. Oftmals verfärbt sich die Haut. Gewöhnlich werden die flüssigen Teile des Blutergusses rasch resorbiert, meist bleibt jedoch noch sehr lange eine Restschwellung zurück, wodurch die Ohrmuschel ein ziemlich zerknautschtes Aussehen bekommt.

Behandlung

Auch wenn hier in erster Linie nur ein chirurgischer Eingriff helfen kann, sollten folgende Mittel die Resorption des Blutergusses fördern und auf diese Weise den Eingriff erleichtern:

Aconitum napellus Sollte möglichst bald gegeben werden, da *Aconitum* Schock und Unruhe behebt. Dosis: D30, 4 Gaben stündlich.

Arnica montana Da es sich bei diesem Leiden letzten Endes nur um eine Verletzung handelt, bietet sich auch *Arnica* zur Behandlung an. Das Mittel fördert die Resorption des Blutes und begrenzt eine Schädigung der Ohrmuschel. Dosis: D30, 3mal täglich 5 Tage lang.

Bei einem Blutohr sollte man allerdings nicht die primäre Ursache aus dem Auge verlieren (z. B. eine Mittelohrentzündung) und diese dementsprechend mit den geeigneten Mitteln behandeln.

Erkrankungen von Haut und Fell

Frieselausschlag (Ekzema miliare) und Haarausfall (Alopezie)

Sowohl Kater als auch weibliche Katzen können nach einer Sterilisation von diesen Krankheiten befallen werden. Die Symptome können in unterschiedlichen Abständen nach der Operation auftreten. Gewöhnlich sind weibliche Tiere davon betroffen, jedoch weniger schwer als die männlichen.

Symptome

Wenn die Katze ein Ekzem entwickelt, dann bilden sich Pusteln an verschiedenen Körperstellen, vor allem am Rücken, am Kopf und im Nakken. Bei Haarausfall (Alopezie) entstehen an den Flanken und an der Innenseite der Beine kahle Stellen. Dabei kann Juckreiz auftreten. Das Tier ist gewöhnlich unruhig und fühlt sich nicht wohl.

Behandlung

Das erste Arzneimittel, daß nach einer Sterilisation gegeben werden sollte, ist *Staphisagria*, das auf die Psyche wirkt und dem Gefühl der Katze entgegenwirkt, ungerecht behandelt worden zu sein. Da dieses Gefühl beim Menschen beschrieben wurde, kann man davon ausgehen, daß auch Tiere darunter leiden. Jedenfalls ist das Arzneimittel in diesem Zusammenhang sehr wirkungsvoll. Eine D3-Dosis (3mal täglich an 3 aufeinanderfolgenden Tagen) sollte ausreichen.

Zu den Mitteln für eine längerfristige Behandlung zählen die Eierstockhormone *Folliculinum* und *Ovarium* beim weiblichen Tier und *Testosteronum basicum* beim Kater. *Folliculinum* D3 sollte zuerst gegeben werden (21 Tage lang 2mal täglich), anschließend nach 1 einwöchigen Pause D30 (3mal wöchentlich 4 Wochen lang). In den meisten Fällen werden damit gute Ergebnisse erzielt. *Ovarium* wirkt auf ähnliche Weise, aber erfahrungsgemäß sind die Ergebnisse mit dieser Arznei weniger zufriedenstellend als bei *Folliculinum*. Da die Erkrankung vielfach nach unterschiedlichen Zeiträumen wieder ausbricht, muß die Anwendung eventuell wiederholt werden. In der Praxis passiert es immer wieder, daß dieses Arzneimittel bei einigen Katzen länger wirkt als bei anderen.

In analoger Weise kann *Testosteronum basicum* D30 und D6 gegen Frieselausschlag und Haarausfall bei Katern eingesetzt werden. Die Ergebnisse sind allerdings durchweg weniger zufriedenstellend als bei Verwendung weiblicher Hormone.

Scherpilzflechte (Trichophytie)

Diese Mykose (Befall mit Pilzen) befällt hauptsächlich Haut, Fell und Schnurrbarthaare. Auch die Oberhaut (Epidermis) kann erkranken, jedoch nicht das tieferliegende Unterhautgewebe. Gelegentlich kann sich jedoch auch dieses Gewebe infolge einer Scherpilzflechte entzünden (Zellulitis).

Ursachen

Die beiden Pilzgattungen *Mikrosporon* und *Trichophyton*, die zur Gruppe der Schlauchpilze (Askomyzeten) gehören, können sowohl akute als auch chronische Scherpilzflechten auslösen. *Microsporon* befällt häufiger junge Kätzchen, während man *Trichophyton* eher bei älteren Katzen antrifft. Da beide Pilzarten auch den Menschen befallen können, sollte man bei der Behandlung besonders auf persönliche Hygiene achten. Auch Kinder sollten die Katze während dieser Zeit nicht berühren.

Symptome

Die obersten Epidermiszellen schuppen ab, während gleichzeitig ein seröses Sekret aus den befallenen Hautpartien suppt. Anschließend fallen die Haare aus, wodurch sich Kahlstellen bilden, insbesondere an Kopf, Schwanz und auf dem Rücken. Die Leistengegend wird hingegen nicht so häufig befallen.

Behandlung

Die Behandlung einer Scherpilzflechte kann sich als schwierig erweisen, jedoch sollte man es einmal mit folgenden Mitteln versuchen:

Sepia Wirkt lindernd auf die Haut, die durch ein schuppiges, trockenes Aussehen und Kahlstellen gekennzeichnet ist. Dosis: D200, 1mal wöchentlich 4 Wochen lang.

Bacillinum Bekämpft Trichophytie sehr erfolgreich bei anderen Tierarten. Zwar ist die Wirkung dieser Nosode bei Katzen nicht ganz sicher, jedoch ist sie schon einen Versuch wert. Dosis: D200, 1mal wöchentlich 4 Wochen lang.

Mikrosporon-Nosode und Trichophyton-Nosode Beide Nosoden können kombiniert gegeben werden. Sie ergänzen hervorragend die Wirkung anderer Arzneimittel. Dosis: D30, 1mal wöchentlich 6 Wochen lang.

Die befallenen Hautpartien sollten gründlich gesäubert und jeden Tag äußerlich mit einer 10%igen *Hypericum-Calendula*-Lösung behandelt werden.

Notoëdres-Räude

Diese durch die Milbenart *Notoëdres cati* verursachte Räude ist bei Katzen nicht ungewöhnlich. Hauptsächlich ist der Bereich unterhalb der Ohren bis hin zu den Augen befallen.

Symptome

Bei einer schwachen Erkrankung dünnt das Fell aus. Eine leichte Reizung ist dadurch erkennbar, daß das Tier den betroffenen Bereich kratzt oder »wäscht«. In schwereren Fällen erkrankt auch das Ohr, und die Erkrankung kann sich auf den Nacken in Richtung Schulter ausbreiten. Die Haut verdickt sich schließlich, und das Tier ist durch den Juckreiz schwer beeinträchtigt.

Behandlung

Die folgenden Arzneimittel können alle – je nach Stadium der Erkrankung – Linderung bringen:

Morgan (Bach) Diese Nosode ist in frühen Stadien hilfreich. Dosis: D30, 1mal täglich 5 Tage lang.

Sulfur Dieses Arzneimittel ist im Anschluß an die Nosode gut geeignet. Dosis: D200, 1mal wöchentlich 4 Wochen lang gegeben werden.

Psorinum Ist angezeigt, wenn die Katze hauptsächlich warme Plätze aufsucht (im Gegensatz zu *Sulfur*, wo kühle Orte gesucht werden) und wenn starker Juckreiz auftritt. Dosis: D30, 1mal täglich 14 Tage lang.

Arsenicum album (syn. Acidum arsenicosum) Gilt als ein sehr gutes »Hautmittel«, vor allem bei allgemeinen Beschwerden wie Erbrechen und lockerem Kot. Dosis: D30, 1mal täglich 14 Tage lang.

Thallium aceticum Wirkt auf die Ernährung der Haarfollikel und unterstützt das Wachstum der Haare, wenn die Follikel nicht geschädigt sind. *Thallium* ist hilfreich, wenn man bereits andere Notfallmittel gegeben hat. Dosis: D30, 1mal täglich 21 Tage lang.

Lycopodium Ist eine weitere nützliche Arznei bei leichtem Haarausfall oder Dünnerwerden der Haare, insbesondere bei zusätzlich auftretenden Magen-Darm-Symptomen wie Gallen- oder Lebererkrankungen. Dosis: D200, 2mal täglich 5 Wochen lang.

Die homöopathische Behandlung kann durch Verbände (z. B. Salbenverbände) unterstützt werden. Diese haben bei sorgfältiger Anwendung keine Wechselwirkung mit den eingenommenen Arzneimitteln.

Scharfrandiges Geschwür oder Basaliom (Ulcus rodens)

Diese nicht ungewöhnliche Hauterkrankung tritt als Knötchen (Granulom) auf, das leider sehr häufig in tiefere Gewebe wuchert. Das Knötchen bildet sich oberhalb der Lippen im Grenzbereich zwischen Haut und Schleimhaut.

Symptome

Die Erkrankung ist leicht zu erkennen. Der ulzerierte Bereich erscheint ausgehöhlt, seine Ränder sind erhaben und wuchern nach außen.

Behandlung

Einige Katzen sprechen recht gut auf die Behandlung an, bei anderen zeigt sich die Erkrankung eventuell ziemlich hartnäckig. Die folgenden Arzneimittel haben sich als hilfreich erwiesen:

Acidum nitricum Ist immer angezeigt, wenn Erkrankungen der Haut und Schleimhaut zusammen auftreten. Dosis: D200, 3mal wöchentlich 4 Wochen lang.

Kalium bichromicum Mit diesem Arzneimittel wurden bei eingewachsenen Geschwüren ebenfalls gute Ergebnisse erzielt. Sehr oft sprach ein Ulcus rodens auf das Mittel an. Dosis: D200, 3mal wöchentlich (eventuell bis zu) 6 Wochen lang.

Anthracinum Das Arzneimittelbild dieser Nosode ergab ähnliche Symptome wie bei einer bestimmten Form von Ulcus rodens, wobei das Zentrum der Hautentzündung abstirbt. Dosis: D200 in 2 Gaben im Abstand von 1 Woche.

Wunden und Verletzungen

Jede Verletzung oder Quetschung, bei der die Haut intakt bleibt, sollte sofort mit *Arnica* D30 (3mal täglich 5 Tage) behandelt werden. Dadurch wird eine potentielle Verschlechterung gebremst. Selbst wenn die ursächliche Verletzung mehrere Monate zurückliegt, ist dieses Arzneimittel noch angezeigt. *Arnica* ist besonders wirksam bei Verletzungen weicher Gewebe, z.B. der Muskeln oder der Augen, und beschleunigt den Abbau von Unterhautblutungen und Blutergüssen unter der Haut. Bei Knochenverletzungen mit Schädigung der Knochenhaut sollte man statt *Arnica* besser *Ruta* geben, da die Edelraute eine gute Wirkung auf die Knochenhaut hat. Dieses Mittel ist auch bei äußeren Verletzungen des Auges, z.B. Quetschungen, äußerst hilfreich und kann in diesem Zusammenhang gefahrlos zusammen mit *Arnica* gegeben werden. Auch *Hamamelis* ist bei Quetschungen im Augenbereich äußerst nützlich und kann in Kombination mit den anderen Arzneien helfen; *Hamamelis* zeigt insbesondere bei blutunterlaufenen Augen eine verstärkende Heilwirkung.

Wenn sich die Katze offene Wunden und Verletzungen zugezogen hat, bei denen die Haut und eventuell sogar tieferliegende Gewebe (Muskeln, Organe) verletzt wurden, dann eignen sich besser andere Arzneimittel:

Calendula-Hypericum Jede offene Wunde sollte häufig mit einer 10fach verdünnten Lösung dieser kombinierten Mittel gebadet werden. Falls irgendwelche Nerven geschädigt sind, werden die Schmerzen hierdurch rasch gelindert. Gleichzeitig läßt man die Katze *Hypericum* M1 einnehmen. Dosis: 1mal täglich 5 Tage lang.

Ledum Hilft bei punktförmigen Verletzungen wie Insektenstichen oder Bissen durch Reißzähne. In Kombination mit *Hypericum* wirkt *Ledum* Komplikationen entgegen. Dosis: D6 bis D200 3mal täglich an 2 aufeinanderfolgenden Tagen.

Hepar sulfuris Wenn eine Wunden zu eitern beginnt, wie dies bei Katzen häufiger vorkommt, kann *Hepar sulfuris* helfen. Als Tiefpotenz, beispielsweise als D6, unterstützt das

Mittel die Eiterbildung und somit auch den Heilprozeß. Hochpotenzen wie M200 bis M1 lassen den Eiterherd austrocknen und fördern eine schnelle Heilung. Bei extremer Schmerzempfindlichkeit sollten die Wunden unbedingt mit diesem Mittel behandelt werden.

Silicea (syn. Acidum silicicum)
Hilft besonders dann, wenn sich eine offene Wunde allmählich chronisch infiziert, so daß das Gewebe mit Fisteln durchsetzt wird (was bei Katzen häufiger auftritt). <u>Dosis</u>: D200, 3mal wöchentlich 4 Wochen lang.

Bei jeder Verletzung mit Knochenbruch sollte *Symphytum* D200 2mal wöchentlich 8 Wochen lang gegeben werden. Hierdurch wird die Heilung des Knochens unterstützt. Selbstverständlich ist dies kein Ersatz für einen chirurgischen Eingriff, jedoch verkürzt *Symphytum* die Genesungszeit bei solchen Fällen.

Zum Abschluß dieses Abschnitts sollten noch zwei Körperbereiche genannt werden, bei denen spezielle Arzneimittel offenbar besser wirken als beispielsweise so bekannte Mittel wie *Arnica*. Hierbei handelt es sich um Verletzungen am Kopf und in der Steißbeingegend (unterer Wirbelsäulenbereich). Kopfverletzungen reagieren gut auf *Natrium sulfuricum* D200. Jedes Leiden, das durch eine Verletzung am Kopf hervorgerufen wurde, sollte zunächst mit diesem Mittel behandelt werden. Bei Verletzungen in der Steißbeingegend sollte man täglich *Hypericum* M1 (7 Tage lang) anwenden. Johanniskraut genießt also den Ruf, das beste Spezialmittel für Steißbeinverletzungen zu sein, obwohl der Begriff »Spezialmittel« in der Homöopathie nicht so gern verwendet wird.

Parasiten (Flöhe)

Auf welche Weise man eine Flohbekämpfung bei Haustieren durchführen soll, ist ein häufig umstrittenes Thema. Nicht jede Katze bekommt Flöhe, und je gesünder und besser genährt ein Tier ist, desto unwahrscheinlicher wird es von Flöhe befallen. Eine geringere Anfälligkeit kann schon auf folgende Weise erzielt werden: Man gibt regelmäßig *Sulfur* D30 (2mal wöchentlich 4 Wochen lang, nach 2 behandlungfreien Wochen wiederholen). Neben regelmäßigem Kämmen und Bürsten kann es gleichfalls helfen, das Fell 2mal wöchentlich mit aromatischen Ölen zu behandeln. Da es sich jedoch um stark riechende Substanzen handelt, sollten Katzem, die homöopathische Mittel bekommen, nicht damit behandelt werden. Auf gar keinen Fall sollte man zu insektiziden Sprays greifen. Auch wenn sie zunächst erfolgreich scheinen, können sich schon nach kurzer Zeit resistente Flohstämme entwickeln. Das gleiche gilt auch für Flohhalsbänder, die vielfach toxisch wirken und Allergien oder Hautausschlag hervorrufen können.

Allergien und allergische Erkrankungen

Allergische Reaktion (Anaphylaxie)

Hierbei handelt es sich um eine Überempfindlichkeit, die durch Kontakt mit einem speziellen Antigen ausgelöst wird. Anaphylaxie kann auch entstehen, wenn die Katze Antikörper eines anderen Tieres erhält (z. B. durch eine Seruminjektion). Manche Gewebe können sogar Substanzen enthalten, die einen anaphylaktischen Schock auslösen.

Symptome

Die Symptome ähneln teilweise denjenigen einer lokalen bzw. weitgestreuten Entzündung. Sie sind sehr weit gefächert und reichen von einer Verengung der kleinen Arterien (Arteriolen) und gleichzeitiger Kreislaufschwäche bis hin zu schweren pathologischen Schäden. Beim eigentlichen anaphylaktischen Schock muß sich die Katze oft erbrechen; sie leidet an Durchfall und starker Mattigkeit. In der Regel entsteht der Schock, unmittelbar nachdem die Katze dem entsprechenden Antigen ausgesetzt war. (Häufig handelt es sich um ein Serum zur passiven Immunisierung.) Weitere Symptome sind u. a. eine erschwerte Atmung, Verlust des Gleichgewichts und bleiche Schleimhäute.

Behandlung

Aconitum napellus Sollte zur Schockbekämpfung immer sofort gegeben werden, wenn der Schockzustand plötzlich eintritt. Dosis: M10, 1mal gegeben.

Camphora Hilft kollabierten Katzen, die zudem an Durchfall und eiskalter Haut leiden. Der Kot ist wäßrig und dunkel, der Durchfall kann manchmal ganz plötzlich einsetzen. Dosis: C30, sollte wiederholt gegeben werden.

Carbo vegetabilis Ist bei Symptomen wie Lufthunger oder Dyspnoe sehr nützlich. Sogar bei fast schon hoffnungslosen Todeskandidaten gilt *Carbo vegetabilis* als ein hervorragendes Stärkungs- und Wärmmittel. Dosis: D200, muß gegebenenfalls wiederholt verabreicht werden.

Veratrum album Wird ebenfalls bei Kollaps mit zusätzlichem Durchfall und Mattigkeit eingesetzt. Im Gegensatz zu *Camphora* sind bei diesem Mittel die Symptome weniger stark ausgeprägt. Der Kot ist im allgemeinen etwas grünlicher. Dosis: D30, 4 Gaben im Abstand von je 3 Stunden.

»Notfall-Medizin« Bachblüten werden zwar nicht wie homöopathische Mittel potenziert, sind aber bei vielen Leiden äußerst nützlich. Insbesondere dieses Mittel hilft bei einem körperlichen oder psychischem Trauma (das heißt, einer gewaltsamen Einwirkung von außen) und fördert das allgemeine Wohlbefinden.

Kontaktallergie (Allergische Kontaktdermatitis)

Hierunter versteht man alle Überreaktionen, die eine Katze nach Hautkontakt mit einer bestimmten Substanz zeigt. Diese Reaktionen können mit einer gewissen zeitlichen Verzögerung einsetzen, die auslösende Substanz ist ein Reizstoff. Die Reizeinwirkung dauert gewöhnlich länger an, und fast immer besitzt die Katze eine Veranlagung zu Allergien. Daher sollte die Kontaktsubstanz frühzeitig ermittelt werden.

Symptome

Die allergischen Prozesse beschränken sich meist auf die unbehaarten Körperregionen (Innenseite der Oberschenkel, Leistengegend und Zehenzwischenräume). Dort bilden sich zunächst rötliche Schwellungen (Erytheme), die später zu Knötchen auswachsen. Bei schweren Allergien ist der überwiegende Teil des Körpers betroffen.

Behandlung

Rhus toxicodendron Wirkt in der Anfangsphase, wenn aus den Erythemen Knötchen entstehen. Der Juckreiz ist dann meist sehr stark. Dosis: M1, 3 Gaben im Abstand von je 1 Stunde.
Antimonium crudum Eignet sich für die »Knötchen-Phase«, da es dafür sorgt, daß sich die Knötchen (Papeln) nicht zu Bläschen weiterentwickeln. Dosis: D6, 3mal täglich 3 Tage lang.

Thallium aceticum Fördert das gesunde Funktionieren der Haut, nachdem andere Arzneimittel den Heilprozeß unterstützt haben. Dosis: D30, 1mal täglich 7 Tage lang.
Pollens (syn. Pollantinum) Wurde für solche Fälle entwickelt, die infolge einer allergischen Reaktion auf Gräser, die im Frühjahr blühen, entstanden sind. Dosis: D30, 1mal täglich 10 Tage lang.
Cortisonum, Bethamethoson und **Prednisolon** Diese homöopathisch aufbereiteten Steroide können den entzündlichen Prozeß sehr gut eindämmen, ohne daß Nebenwirkungen entstehen. Dosis: D30, am besten 1mal täglich 7 Tage lang.
Nosode aus dem allergieauslösenden Agens Diese Spezialnosode kann zusammen mit anderen geeigneten Mitteln verabreicht werden. Dosis: D30.

Infektionskrankheiten

Viruserkrankungen der oberen Atemwege

Bei Katzen findet man fast genauso viele Viruserkrankungen der oberen Atemwege, wie sich Tiere an einem Ort befinden. Wenn eine infizierte Katze aus einer »Katzen-Gruppe« mit Tieren zusammengebracht wird, die isoliert gehalten wurden, so stecken sich die gesunden Tiere rasch an. Die bedeutendsten Krankheitserreger sind das Katzenschnupfen-Virus und das Calici-Virus.

Katzenschnupfen

Symptome

Die Inkubationszeit beträgt 10 Tage. Zunächst ist die Bindehaut entzündet, aus dem Auge läuft eine klare Absonderung. Als Symptome der oberen Atemwege beobachtet man Schnupfen und Nasenausfluß. Bei schwerer Erkrankung kann die Temperatur auf über 40 °C steigen. Eventuell verstärkt sich bei einer Rachenentzündung der Speichelfluß, und die klaren Absonderungen werden eitrig. Die Erkrankung kann chronisch werden, wenn sich eine Bronchitis – eventuell sogar mit Lungenentzündung – als zusätzliche Komplikation einstellt. Bei Katzen mit chronischer Infektion kann die Nasenscheidewand vereitern oder ulzerieren (Geschwüre bilden). Das kranke Tier niest dann blutigen Schleim aus. Gelegentlich können aus dieser Geschwürbildung Nekrosen (Absterben von Zellen) an Nasenknorpel und Nasenmuschel entstehen. Die Krankheit verläuft besonders heftig bei jungen Tieren sowie bei alten Katzen, die ein wohlbehütetes Leben geführt haben. Auch wenn die Katze wieder gesund ist, kann sie trotzdem noch das Virus tragen und in Streßsituationen abgeben; gelegentlich kommt es auch zu Rückfällen.

Behandlung

Pulsatilla Gilt als das beste Mittel zur Kräftigung des Allgemeinzustands einer Katze, und viele Tiere sprechen tatsächlich gut darauf an. Allerdings gibt es noch genug andere gleichwertige Arzneimittel. *Pulsatilla* gibt man, wenn das für gewöhnlich zutrauliche Tier unterschiedliche Krankheitssymptome und Stimmungsschwankungen zeigt. Die Absonderungen (aus den Atemwegen) sind meist reichlich und nicht mit Bakterien infiziert. *Pulsatilla* sollte in Frühstadien des Katzenschnupfens gegeben werden, da es – wenn das Tier gut auf das Mittel anspricht – eine mögliche chronische Erkrankung verhindert. Dosis: D30, 3mal täglich 5 Tage lang.

Silicea (syn. Acidum silicicum) Eignet sich für einen späteren Behandlungsbeginn, wenn sich schon Sekundärerkrankungen der Augen, wie etwa Hornhautentzündung (Keratitis), entwickelt haben. Das Arzneimittel beschleunigt die Auflösung der ersten Narben und bekämpft das milchige Aussehen und die Trübung des Auges, die in dieser Krankheitsphase auftreten. Dosis: D200, 3mal wöchentlich 6 Wochen lang.

Antimonium tartaricum Dieses Arzneimittel hilft bei Krankheitssymptomen an Bronchien und Lunge. Das Tier leidet an einem Schleimhusten, der meist spärliche Auswurf ist schleimig-eitrig. Kranke Katzen, die auf *Antimonium tartaricum* ansprechen, liegen häufig auf ihrer rechten Seite. Dosis: D30, 1mal täglich 10 Tage lang.

Phosphorus Wenn die Katze unter heftigem Niesen blutverfärbten, eitrigen Schleim ausschneuzt und gleichzeitig Knochenfraß oder Nekrose an Nasenscheidewand und Nasenmuschel auftreten, dann sollte dieses tiefwirkende Mittel gegeben werden. *Phosphorus* ist auch bei Bronchialerkrankungen mit Aushusten von blutdurchsetztem Schleim angezeigt. Charakteristische Symptome für Phosphor sind Blutungen und ihre Auswirkung auf verschiedene Systeme des Körpers. Dosis: D200, 3mal wöchentlich 4 Wochen lang.

Kalium bichromicum Ist bei dickem, zähem und gelblichem Ausfluß aus Nase und Bronchien angezeigt. Ausgehusteter Schleim und Nasensekrete sind klar, aber spärlich. Das Arzneimittel sollte genommen werden, wenn sich Geschwüre der Nasenscheidewand entwickeln. Dosis: D200, 2mal wöchentlich 6 Wochen lang.

Acidum fluoratum (syn. Acidum fluoricum) Eignet sich bei chronischen Erkrankungen der Nasenscheidewand, vor allem bei älteren Tieren. Die Katze reagiert empfindlich bei Druck auf die Nebenhöhlen. Die Absonderungen riechen unangenehm. Die Erkrankung verläuft periodisch, das heißt, mal gibt es Zeiten mit schwächeren Symptomen, dann folgen wieder Zeiten, in denen sich die Krankheit verschlechtert. Dosis: D30, 1mal täglich 14 Tage lang.

Kreosotum Gibt man bei Verdacht auf (oder sicher diagnostizierten) Bronchialerkrankungen, die zu Bronchialerweiterung führen können. Das Mittel wurde bei dieser Erkrankung schon oft erfolgreich eingesetzt. Das Gewebe verändert sich häufig und wird dann brandig. Der Atem der Katze ist äußerst übelriechend. Dosis: D200, 3mal wöchentlich 6 Wochen lang.

FVR-Nosode Schaden kann es wohl kaum, diese Katzenschnupfen-Nosode zusammen mit anderen ausgewählten Arzneimitteln zu verabreichen, da sie die Wirkung der anderen Mittel unterstützt und die Heilung beschleunigt. Dosis: D30, 1mal täglich 1 Woche lang.

Calici-Virusinfektion

Je nach Schwere der Infektion und je nach betroffenen Gewebetypen oder Organen äußert sich diese Infektionskrankheit anhand zahlreicher Symptome.

Symptome

Sehr häufig ist die gesamte Schnauze in Mitleidenschaft gezogen. An Zunge, Wangenschleimhaut und Nasenscheidewand entstehen Geschwüre, was zu Schnupfenanfällen mit schleimig-eitriger Absonderung führt. Oft wird die Krankheit durch Lungenentzündung kompliziert. Nicht selten sterben die Tiere in sehr akuten Fällen. Die Temperatur kann auf über 40 °C steigen. Die Katze speichelt stark, wobei der Speichel lange Fäden zieht.

Behandlung

Für die Erkrankung der oberen Atemwege können auch die Arzneimittel gegen Katzenschnupfen eingenommen werden. Weitere Mittel:

Mercurius solubilis Ist bei starkem Speichelfluß angezeigt und wirkt heilend auf die gesamte Schnauzenpartie, wird aber seltener genommen, wenn sich Geschwüre gebildet haben. Das Innere des Mauls sieht belegt aus, und der Zustand der kranken Katze verschlechtert sich während der Nacht. Dosis: D30, 1mal täglich 2 Wochen lang.

Borax Gibt man, wenn neben der Erkrankung der Maulschleimhäute auch Geschwüre auftreten. Die Katze zeigt Symptome einer Nervenerkrankung und gebärdet sich völlig ohne Grund ängstlich. Die Katze weigert sich partout, Treppen herunterzulaufen, von Stühlen herabzuspringen oder ähnliche Aktivitäten durchzuführen. Auch hier besteht starker Speichelfluß, und die Ballen können empfindlich sein. Dosis: D6, 3mal täglich 14 Tage lang.

Phosphorus Hilft besonders bei Lungenentzündung, wenn das Lungengewebe sehr rasch angegriffen wurde und die Katze an starken Atembeschwerden leidet. Dabei bildet sich nur wenig Auswurf, dieser ist jedoch blutverfärbt. *Phosphorus* eignet sich auch bei Erkrankungen der Leber, was man an erbrochener Gallenflüssigkeit erkennen kann. Kurz nach der Aufnahme werden Wasser und Futter wieder erbrochen, der Stuhl ist teigig und lehmfarben. Dosis: D200, 2mal wöchentlich 6 Wochen lang.

Calici-Virus Auch hier schadet es nicht, diese Nosode mit ausgewählten Arzneimitteln zu kombinieren. Dosis: D30, 1mal täglich 7 Tage lang.

Chlamydien-Infektion oder Katzenpneumonie

Diese Erkrankung wird durch den Erreger *Chlamydia psittaci* hervorgerufen. Sie tritt immer öfter auf und breitet sich langsam, aber stetig unter den Katzen aus. Früher war sie eher endemisch, das heißt auf kleine Gebiete und wenige Tiere beschränkt.

Symptome

Betroffen sind vor allem die oberen Atemwege und die Tränenkanäle, was zu starkem Schnupfen (Rhinitis) führt. An den Augen ist die Bindehaut auffällig stark entzündet, die abgesonderten Sekrete sind klebrig, so daß die Augenlider manchmal verkleben. Wenn sich die Lider entzünden, schwellen sie an. Die Temperatur bleibt unverändert normal. Eine Chlamydien-Infektion kann besonders bei jungen Kätzchen schlimm verlaufen.

Behandlung

Argentum nitricum Ist bei zusätzlicher Bindehautentzündung sehr nützlich, wenn die inneren Augenwinkel rot und geschwollen sind. Wenn bei chronischen Fällen gleichzeitig Geschwüre an der Hornhaut auftreten, kann *Argentum nitricum*

Abhilfe schaffen. Ein charakteristisches Symptom ist, daß die Katzen sich vor Berührung fürchten, daß sie zittern und zu entkommen versuchen. Dosis: D30, 1mal täglich 10 Tage lang.

Hippozaenninum (syn. Mallein) Gibt man bei Schnupfen (Rhinitis) mit honigfarbenem, klebrigem Nasensekret. Außerdem können Geschwüre an der Nasenscheidewand auftreten. Dosis: D30, 1mal täglich 7 Tage lang.

Graphites (syn. Carbo mineralis) Klebrige Sekrete, insbesondere aus den Augen, sind ganz typisch für dieses Mittel. Wenn daher bei einer schweren Erkrankung die Augenlider zusammenkleben, sollte unbedingt *Graphites* gegeben werden. Dosis: D6, 3mal täglich 7 Tage lang.

Kalium bichromicum Der Ausfluß aus der Nase ist zäh, schleimigeitrig, gelb und verstopft die Nase. Dosis: D200, 2mal wöchentlich 4 Wochen lang.

Lemna minor Hilft ebenfalls recht gut bei übelriechendem, schmutzigem Nasensekret. Die kranke Katze reagiert recht empfindlich auf feuchte Umgebung. Dosis: D30, 1mal täglich 10 Tage lang.

Acidum nitricum Hilft bei Geschwüren auf der Hornhaut, insbesondere in der Nähe des Lidrandes. Zusätzlich können Probleme im Darmbereich entstehen, die sich als Darmkatarrh (Kolitis) mit losem, durchfallartigem Kot äußern. Aufgrund seines Arzneimittelbildes ist *Acidum nitricum* vor allem bei Schnupfen angezeigt, aber auch bei chronischen Geschwüren der Nasenscheidewand mit gelben, scharfen Absonderungen. Dosis: D200, 2mal wöchentlich 4 Wochen lang.

Phosphorus Ist ein tiefwirkendes Arzneimittel, das daher bei Erkrankungen an weiter innen liegenden Augenbereichen verwendet wird, z. B. bei Entzündungen von Regenbogenhaut und Netzhaut. Wenn sich Geschwür und eitriger, mit Blut vermischter Ausfluß bilden, wirkt *Phosphorus* besonders intensiv auf Augen und Nase, beispielsweise auf die Nasenmuschel. Dosis: D200, 2mal wöchentlich 6 Wochen lang.

Chlamydia Auch diese Nosode kann zusammen mit anderen geeigneten Arzneien verabreicht werden. Dosis: D30, 1mal täglich 10 Tage lang.

Katzenpest, Katzenstaupe (Panleukopenie)

Diese Viruserkrankung wird durch einen Parvovirus hervorgerufen. Die akute Infektion kann bis zu einer Woche dauern. Die Zahl der Erkrankungen unter den befallenen Katzen ist hoch. Bei ungeschützten Tieren kann die Sterblichkeitsrate bis zu 90% betragen. Allerdings sind einige Tiere von Natur aus gegen diese Krankheit resistent.

Symptome

Nach einer Inkubationszeit von bis zu zehn Tagen beobachtet man bei der infizierten Katze Anzeichen einer schweren Kolik: einen gekrümmten Rücken, ausgestreckte Hinterbeine und offenbare Leibschmerzen, die das Tier kläglich miauen lassen. Sehr bald setzt auch heftiges Erbrechen ein, so daß die Katze rasch sehr viel Flüssigkeit verliert (dehydriert) und sichtbar verfällt. Verständlicherweise zeigt das Tier starken Durst, obwohl es Schwierigkeiten beim Saufen hat. Die Temperatur kann auf über 41 °C ansteigen. Die Katze hat einen starren, ängstlichen Ausdruck und eingesunkene Augen. Bei fortschreitender Krankheit wirkt das Brustbein eingefallen.

Behandlung

Arsenicum album (syn. Acidum arsenicosum) Die Symptome einer Katze, die an akuter Katzenpest leidet, ähneln in vieler Hinsicht denen einer Arsenvergiftung, jedoch kommt es nicht immer zu Durchfall. Daher ist *Arsenicum album* das beste Mittel, um mit der Behandlung zu beginnen. Die Schmerzen werden gemildert, das Erbrechen nimmt ab, und Ängstlichkeit und Unruhe verschwinden allmählich. Dosis: M1, 4 Gaben im Abstand von je 1 Stunde.

Aconitum napellus Sollte so schnell wie möglich verabreicht werden, da es Schock und Angstzustände bekämpft und das Tier insgesamt beruhigt. Dosis: M10, 1mal gegeben, das sollte schon ausreichen.

Phosphorus Falls sich das Tier nach Gabe von *Arsenicum album* weiterhin erbricht, sollte *Phosphorus* gegeben werden. Dies gilt vor allem dann, wenn sich das Tier bereits so

weit erholt hatte, daß es Wasser oder Milch aufgeschleckt hat, jedoch unmittelbar danach wieder erbricht. *Phosphorus* kann auch bei gelegentlich auftauchender Lungenentzündung sehr hilfreich sein. Dosis: D30, 2mal täglich 7 Tage lang.

Baptisia tinctoria Untersuchungen an toten Katzen (Obduktionen) zeigten, daß krankhafte Veränderungen der Darmschleimhaut sowie starke Blutungen eingetreten waren. Da ähnliche Symptome zum Arzneimittelbild von *Baptisia tinctoria* gehören, sollte Indigo bei hartnäckigen Fällen gegeben werden, wenn beispielsweise die anderen genannten Mittel keinen Erfolg zeigten. Falls die Schleimhäute im Maul der Katze dunkel verfärbt sind, sollte dieses Mittel verabreicht werden. Wenn die Katzenpest untypisch verläuft, das heißt, es tritt beispielsweise Durchfall ein, so brauchen die erkrankten Tiere erst recht *Baptisia*. Dosis: D12, 3mal täglich 10 Tage lang.

China (syn. Cinchona succiruba) Sollte immer bei starkem Austrocknen (Dehydrierung) und Schwäche nach Flüssigkeitsverlust verabreicht werden. *China* kann mit anderen Mitteln kombiniert und auch häufiger gegeben werden. Dosis: D6, 4- bis 5mal im Abstand von je 2 Stunden.

Pyrogenium Ist ein wichtiges Mittel bei allen Entzündungszuständen, die ein untypisches Verhältnis zwischen Puls und Temperatur aufweisen (das heißt, hohe Temperatur mit schwachem, fadenförmigem Puls), wie dies vielfach bei Katzenpest vorkommt. Sowohl Puls als auch

Temperatur werden durch *Pyrogenium* (immer als Hochpotenz gegeben) rasch stabilisiert, und die Katze fühlt sich schnell sichtbar wohler. Dosis: M1, 5 Gaben im Abstand von je 1 Stunde.

Cantharis Durch die Entzündung des Darms, die sich bei Katzenpest schnell entwickelt, kann es leicht zu einer Bauchfellentzündung (Peritonitis) kommen. Dabei wird die Bauchmuskulatur bretthart, das Tier hat bei Druck auf den betroffenen Bereich starke Schmerzen. Dosis: M1, 4 Gaben im Abstand von je 1 Stunde, am darauffolgenden Tag 3 Gaben.

Vorbeugung

Zur Vorbeugung kann man eine Nosode aus infiziertem Material sowie ein Oral-Vakzin aus dem Virus anfertigen lassen. Anleitungen zur genauen Dosierung findet man im Abschnitt »Vorgehen beim homöopathischen Impfen«.

Infektiöse Bauchfellentzündung (Peritonitis)

Diese Erkrankung mit unweigerlich tödlichem Ausgang hat sich erst in jüngster Zeit ausgebreitet. Sie befällt vor allem junge Katzen, insbesondere exotische Rassen, jedoch sind auch alle anderen Rassen gefährdet.

Symptome

Nach einer Inkubationszeit von 14 Tagen oder länger wird die Katze mit einer anfänglichen Temperatur von über 41 °C zum Arzt gebracht. Charakteristisch ist der aufgetriebenen Leib. Die Flüssigkeit sammelt sich infolge einer bestimmten Form der Bauchfellentzündung (fibrinöse Peritonitis). Bei Gelbsuchtsymptomen ist vermutlich auch die Leber befallen. Ganz deutlich kann man die allgemeinen Beschwerden im Bauchraum erkennen. Manchmal ist das Brustfell angegriffen, wodurch sich fibrinhaltige Flüssigkeit im Pleuralsack ansammelt. Daher fällt der Katze das Atmen schwer.

Behandlung

Die Behandlung ist selten erfolgreich, da das Tier meist erst im Endstadium der Krankheit zum Arzt gebracht wird. In leichteren Fällen können unterstützende Mittel der Katze Erleichterung verschaffen. Bei dieser Krankheit wurden u. a. angewandt: *Cantharis*, das bei Bauchfellerkrankungen immer recht nützlich ist, *Carduus marianus* aufgrund seiner Wirkung auf die Leber bei Bauchwassersucht und *Tuberculinum bovinum*. Diese Nosode wird hier erwähnt, weil ihr Arzneimittelbild dem Krankheitsbild einer Bauchhöhlentuberkulose bei Rindern ähnelt, die früher recht häufig war, heute aber ausgerottet ist. Dabei entstand eine Bauchfellentzündung, die ähnliche Symptome wie eine infektiöse Bauchfellentzündung bei Katzen aufweist. Deshalb liegt ein Behandlungsversuch mit dieser Nosode nahe.

Vorbeugung

Zur Vorbeugung kann man eine No-sode gegen infektiöse Bauchfellent-zündung aus infiziertem Bauchfell-wasser anfertigen lassen, die in glei-cher Weise wie die Katzenleukämie-Nosode verabreicht wird.

Hepatorenales Syndrom

Die Herkunft dieser Erkrankung, die hauptsächlich jüngere Katzen be-fällt, ist unbekannt. Der Halter geht zum Arzt, weil seine Katze einen empfindlichen Leib hat, sich erbricht und gleichzeitig durstig ist.

Symptome

Die Temperatur beträgt meist etwa 40 °C. Die sichtbaren Schleimhäute lassen eine Gelbsucht vermuten. Der Kot ist – falls vorhanden – charakte-ristischerweise orange bis gelb, was auf eine Erkrankung der Leber hin-deutet. Die Nieren lassen sich even-tuell ertasten, der Urin ist stark ge-färbt.

Behandlung

Aconitum napellus Gibt man beim ersten Auftauchen der Sympto-me. Dosis: M1, 3 Gaben im Abstand von je 1 Stunde.
Phosphorus Indikation für dieses Arzneimittel ist Erbrechen, nachdem sich Futter oder Wasser im Magen erwärmt haben. Sehr hilfreich bei Lebererkrankungen. Dosis: D30, 2mal täglich 5 Tage lang.

Chelidonium Kommt bei zusätz-licher Gelbsucht zum Einsatz. Gleichzeitig ist oft der rechte Schul-terbereich steif. Dosis: D30, 2mal täglich 7 Tage lang.
Chionanthus virginica Wird ebenfalls bei Gelbsucht gegeben. Der Kot ist lehmfarben, die Milz ver-größert. Der Urin ist dunkel und be-sitzt ein hohes spezifisches Gewicht. Dosis: D3 bis D6, 3mal täglich 7 Ta-ge lang.
Carduus marianus Dieses Arz-neimittel hilft bei drohender Zirrho-se. Oft sammelt sich zur selben Zeit Flüssigkeit im Bauchraum an. Dosis: D30, 1mal täglich 14 Tage lang.
Lycopodium clavatum Eignet sich besonders für ältere, zumeist schwache Tiere mit hartem Kot. Ly-copodium ist dann angezeigt, wenn die Symptome am späten Nachmit-tag stärker werden. Dosis: D200, 1mal täglich 7 Tage lang.
Berberis vulgaris Regt die Le-berfunktion an und wirkt auf die Nieren. Über den Lenden kann eine Schwäche auftreten. Dosis: D30, 1mal täglich 14 Tage lang.
Ptelea Wirkt reinigend und be-schleunigt den Transport von Abfall-produkten aus dem Körper. Dosis: D6, 3mal täglich 14 Tage lang.

Wundstarrkrampf (Tetanie)

Katzen sind im Unterschied zu ande-ren Tierarten gegen die Infektion mit dem Erreger *Clostridium tetani* recht widerstandsfähig. In den bekannten

Fällen waren die Ursachen Wundinfektionen (nach einem chirurgischen Eingriff), Bisse von Ratten oder anderen Tieren sowie tiefe Hautverletzungen, die durch Nägel oder andere scharfe Gegenstände entstanden.

Symptome

Bei der Untersuchung fällt auf, daß die Katze überempfindlich auf Geräusche und Berührung reagiert. Später werden nicht nur die Muskeln, sondern auch das Tier insgesamt steif. Im Gegensatz zu anderen Tierarten, bei denen sich fast immer die Kaumuskeln verkrampfen, kommt es bei Katzen nicht zu einer Kieferstarre. Die Nickhaut (das sog. dritte Augenlid) kann vorfallen.

Behandlung

Aconitum napellus Sollte so früh wie möglich gegeben werden. Dosis: M1, 3 Gaben im Abstand von je 1 Stunde.

Ledum palustre Wird in erster Linie bei Stichwunden genommen. Dosis: D6, 3mal täglich 4 Tage lang.

Hypericum perforatum Lindert die Nervenschmerzen im Wundbereich und wirkt der Absorption des Giftstoffs (Toxin) im Wundbereich entgegen. *Hypericum* läßt sich gut zusammen mit *Ledum* verabreichen. Dosis: M1, 1mal täglich 7 Tage lang.

Curare Dieses Mittel hilft bei steifer Muskulatur mit häufigen Lähmungserscheinungen, wobei besonders die Kaumuskeln verkrampft sind (Kieferstarre). Dosis: D6, 3mal täglich 10 Tage lang.

Strychninum Soll die Tetanuskrämpfe lindern, die bei schweren Fällen manchmal auftreten. *Strychninum* eignet sich auch bei Extension (Ausdehnung) und Steifheit der Gliedmaßen. Dosis: D200, 1mal täglich 7 Tage lang.

Tetanus-Nosode Diese Nosode ergänzt die Behandlung mit den anderen Mitteln. Dosis: D30 1mal 7 Tage lang.

Toxoplasmose

Diese Krankheit wird durch den Einzeller *Toxoplasma gondii* hervorgerufen. Auch wenn die befallenen Katzen wenige oder gar keine Symptome zeigen, können sie trotzdem mit dem Parasiten verseucht sein und mit ihrer Ausscheidung eine Gefahrenquelle für Menschen und andere Tiere darstellen.

Symptome

Auch bei dieser Krankheit ist das Lymphsystem schwer betroffen. An manchen Stellen kann das Lymphgewebe durch granulomatöses Gewebe (krankhafte Gewebsveränderung mit Geschwulstbildung) vergrößert sein. Wenn die Lymphknoten im Bereich der Bronchien befallen sind, können sich ähnliche Symptome wie bei einer Lungenentzündung entwickeln. Da das Lymphsystem den ganzen Körper durchzieht, kann der Erreger auch in andere Bereiche wie Nieren oder Leber eindringen.

Behandlung

Hierbei werden nur die Symptome kuriert, so daß sich die Behandlung daran orientiert, wie die kranke Katze auf die Infektion reagiert. *Calcium fluoratum* (syn. *Calcium fluoricum*) und *Silicea* (syn. *Acidum silicicum*) sollten in den meisten Fällen helfen. Man gibt D30 bis D200 in regelmäßigen Abständen, z. B. 2mal monatlich über ein halbes Jahr. Zusätzlich kann noch eine *Toxoplasma*-Nosode, zusammen mit den Arzneimitteln gegeben werden. Die Impfung mit der Nosode sollte in der üblichen Weise erfolgen.

Literaturverzeichnis

Da besonders die Materia medica in dem vorliegenden Buch nicht vollständig sein können, sollen ein paar Standardwerke der Homöopathie genannt werden, in denen der interessierte Leser zusätzliche Fakten nachschlagen kann. Weiterhin werden Bücher aufgezählt, die sich ebenfalls mit dem Thema »Homöopathische Behandlung von Haustieren« beschäftigen. Es sei darauf hingewiesen, daß es sich hier nur um eine beschränkte Literaturauswahl handelt.

Braun, Arthur: *Methodik der Homöopathie.* 3. Auflage, Johannes Sonntag, Regensburg (1985)

Braun, Hans / Frohne, Dietrich: *Heilpflanzenlexikon für Ärzte und Apotheker.* 5. Auflage, Gustav Fischer, Stuttgart (1987)

Dorcsi, Mathias: *Homöopathie. Band 5 – Arzneimittellehre.* 3., verbesserte Auflage, Haug, Heidelberg (1991)

Illing, Kurt-Hermann: *Homöopathische Taschenbücher.* Haug, Heidelberg (1984–1988) – 4 Bände

Julian, Othon-André: *Materia medica der Nosoden.* 7. Auflage, Haug, Heidelberg (1991)

Köhler, Gerhard: *Lehrbuch der Homöopathie.* 5. Auflage, Hippokrates, Stuttgart (1988) – 2 Bände

Mandl, Elisabeth. *Arzneipflanzen in der Homöopathie.* Wilhelm Maudrich, Wien (1985)

Rakow, Barbara / Rakow, Michael: *Bewährte Indikationen der Homöopathie in der Veterinärmedizin.* Johannes Sonntag, Regensburg (1988)

Rakow, Barbara: *Der homöopathische Katzendoktor.* Franck-Kosmos, Stuttgart (1986)

Voisin, Henri: *Materia medica des homöopathischen Praktikers.* 2. Auflage, Haug, Heidelberg (1985)

Wiesenauer, Markus: *Homöopathie.* 2. Auflage, Hippokrates, Stuttgart (1983)

Wiesenauer, Markus: *Homöopathische Heilmittel.* 2. Auflage, Hippokrates, Stuttgart (1984)

Wolff, Hans Günther: *Unsere Katze – gesund durch Homöopathie.* Johannes Sonntag, Regensburg (1984)

Wolter, Hans: *Klinische Homöopathie in der Veterinärmedizin.* 4. Auflage, Haug, Heidelberg (1988)

Register

160

Tips für Tierfreunde

Siegfried Schmitz (Hrsg.)
Freundschaft mit Katzen
Die schönsten Katzengeschichten von bekannten Schriftstellern aus aller Welt – unterhaltsame, spannend geschriebene Erlebnisse, die junge Tierfreunde ebenso fesseln wie anspruchsvolle Literaturkenner.

Rolf Spangenberg
Katzen
Alles Wissenswerte über Verhalten, Pflege, Ernährung und Gesundheit von Katzen – fundiert und anschaulich dargestellt von einem erfahrenen Tierarzt.

Manfred und Maria Baatz
Hunde
Die wichtigsten Hunderassen: Abstammung, Geschichte, Wesen und Merkmale.

George Macleod
Homöopathischer Ratgeber Hunde
Umfassendes Grundlagenwissen zu homöopathischen Behandlungsmethoden für Hunde, gegliedert nach Krankheitserscheinungen; Ursachen der Krankheiten, Symptome, Diagnose und Behandlung; Beschreibung der jeweils möglichen homöopathischen Mittel und deren gezielter Anwendung.